공정교육론

"경쟁교육은 야만이다"

공정
교육론

전경원 지음

좋은땅

앞마당

교육에서 '경쟁'은 야만이다. 그러나 우리 사회는 '경쟁'을 긍정하며 부추겨 왔다. 그 결과, 경쟁에 따른 '서열'과 '능력주의'가 우리 사회를 지배하는 이념으로 굳건하게 뿌리내리고 있다. '철학'이 없는 사회는 극도로 불순하고 위험하다. 왜냐면 성찰과 혁신이 어렵기 때문이다. 학생도, 교원도, 학부모도 치열한 경쟁 구조에 내몰린 채 살아간다. 그래서 희망이 보이는가. 삶의 질이 향상되고 있는가. 행복한가. 우리 사회가 이제는 물어야 한다. 그리고 사회적 합의를 모색할 시점이 됐다. 이대로 계속 가도 괜찮은가.

경쟁은 필연적으로 앞선 이와 뒤처지는 이를 만든다. 앞선 이가 빠지기 쉬운 함정은 특권의식과 능력주의에 대한 확신, 배타적 우월감, 분리와 배제에 대한 선호 등일 것이다. 이에서 더 나가면 약자에 대한 혐오의 감정까지도 발생한다. 반면 뒤처진 이가 빠지기 쉬운 함정은 자존감 훼손, 패배감, 능력주의에 대한 당연시, 분리와 배제를 학습하고 난 후에 잇따르는 무기력 등일 것이다. 역시 혐오와 증오의 감정이 싹틀 수 있다. 사회통합의 관점에서 볼 때, 대단히 건강하지 못한 모습이다.

공정교육론

이제는 우리 사회를 지탱하는 철학을 다시 세워야 할 때다. 모두가 공감하는 바와 같이 '경쟁'으로 점철된 우리 교육공동체의 철학과 방향성에 대한 사회적 합의가 절실한 시점이다. 미래 사회가 요구하는 인재가 갖추어야 할 모습이 무엇인지에 집중해야 한다. 경쟁심 충만한 경쟁형 인간일까. 협력과 배려의 가치를 구현하는 협력형 인재일까. 답은 분명하다. 경쟁이 만든 야만성을 극복해야 한다. 능력주의를 맹신한 결과, 인간의 존엄마저 부정하는 삶과 우리는 대면하고 있다. 아니, 대면을 강요당한다.

능력주의에 찬성하고 기본소득에 반대하는 사람들에겐 공통점이 존재한다. 그들은 자신들이 지닌 능력과 소득을 자신의 고유한 노력의 결과로 착각한다는 사실이다. 누군가의 헌신과 희생 그리고 과분한 지원과 배려 덕분에 이룬 결과물이라는 사실을 애써 외면한다. 쉽게 말해, 공유 자산임을 망각한 삶을 살고 있다. 유명한 저서에서 언급했듯이 마치 우연히 3루 베이스에서 출생하고선 자신이 3루타를 쳤다고 착각하는 삶과 같다. 그러니 이 얼마나 위험하고도 아찔한 사유 체계에 근거하고 있는지 모른 채 평생을 살아간다. 아니 어쩌면 그들은 누군가 말했듯이, "부모 잘 만난 것도 실력"이라는, 철부지 말을 신봉하는지도 모르겠다.

"나만큼 부모 잘 만나지 못한 친구들, 나만큼 건강하지 않았던 친구들, 나만큼 공부 잘하게 훈련받지 못한 친구들 등 나만큼 행운이 따르지 않았던 친구들이 내 주변에는 셀 수도 없이 많았다. 그 친구들이 다 대한민국의 평범한 시민들이 됐다. 그들과의 일체감이 나의 본질."이라고 설파한 판사 출신 젊은 정치인의 호소가 어두운 터널 속을 비추는 한 줄기 빛이다. 어두운 밤길, 희미한 빛줄기에 의지해서나마 무거운 걸음을 내디딘다. 어딘가 분명 존재할 것이다. 우리가 꿈꾸는 세상이.

2021년 9월 만천명월주인(萬川明月主人) 정조대왕 꿈이 깃든
수원 팔달산 기슭에서
저자 전경원 삼가.

공정교육론

목차

1장/ 교육철학

2장/ 코로나19·미래교육

3장/ 대입제도 혁신

4장/ 고교서열화 해소

5장/ 교육과정 혁신

6장/ 학생 · 학부모 · 교사 교육권

7장/ 입시 비리 · 사립학교

8장/ 고등교육 · 통일교육

교육철학

이준석의 '능력주의'와
이탄희의 '공정경쟁'

"저는 서울 목동에서 자랐습니다. 친구들 대부분이 같은 아파트 단지에 살았어요. 같은 학원에 다녔고, 똑같이 교육열이 대단했어요. 저를 포함해 중학생 아이들 700명이 등수를 다퉜어요. 좀 잔인한 측면도 있지만 그래도 저는 그 시절의 공부가 내 인생의 중요한 전환점이 되었다고 생각합니다. 저는 그 치열한 경쟁을 뚫고 과학고에 진학했고, 졸업 후 미국 하버드대학에 합격했습니다. 지금 생각하면 완벽하게 공정한 경쟁이었지요."

"제가 당신과 같은 생각을 해 보지 못한 이유는 겸손한 사람으로 태어나서가 아니에요. 저는 과학고 출신이 아니고 일반 인문계 고등학교 출신입니다. 서울대학교 법대를 졸업했고, 20대에 판사가 됐어요. 하버드대 로스쿨에서 학위를 받았습니다. 법원행정처 요직인 기획심의관 발령도 받았습니다. 대한변호사협회 우수 법관으로 선정됐습니다. 그러함에도 제가 완벽하게 공정한 경쟁으로 승자가 됐다는 생각은 해 본 적 없습니다."

"지나친 겸손인가요? 아니면 자신감 부족인가요?"

"말씀드렸듯 제가 겸손해서가 아닙니다. 저만큼 부모를 잘 만나지 못한 친구들, 저만큼 건강하지 않았던 친구들, 저만큼 공부를 잘할 수 있게 훈련받지 못한 친구들, 저만큼 자기 일에 집중할 수 없었던 친구들, 저만큼 주변의 도움을 받지 못한 친구들, 위기를 딛고 다시 일어날 기회가 없었던 친구들이 있었기 때문입니다. 행운이 따르지 않았던 친구들이 셀 수 없이 많았고, 그 친구들이 모두 대한민국의 평범한 시민이 됐습니다. 이들은 누구 하나도 남이 아닙니다. 저에겐 이렇듯 수많은 친구가 있었기 때문입니다."

"뭐, 그렇게 생각할 수도 있겠네요. 제게 중요한 가치는 합리주의입니다. 과학을 공부하면서 저도 모르게 제 몸에 밴 정신 같아요. 미국에서 대학 생활을 하면서 제 몸에 자리 잡은 가치는 효율성, 공정성 이런 것들입니다. 할당제 문제만 해도 그렇습니다. 할당제 혜택을 받을 수 없는 남성은 더 많은 소외감을 느끼는 것 같아요. 지금은 할당제가 한시적인 법이 아니라 영구적으로 여성에게 혜택을 주는 법이 되었잖습니까? 양성평등 채용 목표제라든지…."

"자신이 얻은 기회는 당연하게 생각하면서, 약자와 소외된 자에 대한 공감이 부족한 게 아닐까요. 남성이든 여성이든 특정 영역에서 약자이자 소외된 입장이라면 할당제를 통해 균형을 맞출 필요가 있지 않을까요. 초등학교 교원에 여교사 비율이 과도하게 높다면 남성 할당제를 고민할 수도 있지 않을까요. 그게 꼭 남성, 여성의 문제는 아니라고 생각해요. 기울어진 운동장이 있다면 제도나 법률로 보완하며 균형을 잡아 가는 것이 약자와 소외된 자에 대한 배려인 동시에 공감하는 모습이라고 생각합니다."

"동의하기 어렵습니다. 공정함은 시험 성적, 그 결과 그대로 결정이 되어야지 다른 요소가 개입하는 순간, 공정한 잣대와 기준이 사라집니다. 이런저런 사유를 들기 시작하자면 이유 없는 죽음이 있으며, 사연 없는 무덤이 있을까요."

"진보와 보수의 진검승부가 다가오고 있는 듯하네요. 공정한 경쟁의 본질이 무엇인지 더 고민하는 시간이 됐으면 좋겠습니다. 또 뵙고 토론하면 좋겠습니다. 좋은 시간이었습니다."

이 대화는 대부분 사실(이준석 대표와 이탄희 의원의 글 등)에 근거하되 약간의 상상을 가미해 재구성한 것이다. 30대 보수당 당 대표의 출현이 큰 뉴스다. 그보다 중요한 건 무엇이 공정인가 스스로 던지는 질문이다. 우리는 어떤 '공정'을 지지할 것인가. 판별의 시계가 서서히 대선에 맞춰지는 것 같다.

※ 보수를 표방하는 정당의 젊은 대표가 세대교체를 이뤄 냈다. 그가 지향하는 목표는 "교육을 통해 모두가 공정한 경쟁의 출발선에 설 수 있는 사회"임을 천명했다. 이른바 진보를 표방하는 진영에서 말하는 '공정'과는 결을 달리하는 것으로 읽힌다. 공정한 경쟁의 실체가 무엇인지 서로가 견해를 달리한다. 보수가 말하는 경쟁이 자칫 양극화와 격차를 정당화하는

방향으로 나아가선 안 된다. 공정한 경쟁은 격차와 양극화를 해소하기 위한 차원이어야 정당성을 얻는다. 행여나 공정한 경쟁이라는 외피를 쓰고, 차별과 배제를 정당화하거나 양극화나 격차를 경쟁의 결과로 치부하는 냉혈한 사회가 되어선 안 될 것이다.

살인적 경쟁교육,
이제는 멈춰야 한다

우리나라 10대 청소년들이 스위스 제네바 UN을 찾아갔다. 유엔 아동권리위원회가 학생들을 초청했기 때문이다. 이유는 학생들이 3년간 설문조사와 토론을 거쳐 작성한 〈한국아동보고서〉를 보고 충격과 경악을 금치 못했고 그 실상을 학생들에게 직접 듣고 싶어 했다고 한다. 며칠 전 뉴스를 통해 알려졌으나 일회성 뉴스로 소비되고 말았다. 이 사안을 대하는 우리 사회의 자세와 태도가 너무도 안일하다. 기성세대로서 커다란 책임을 통감하고 처절한 반성과 성찰이 전제되어야 했다. 그런데 지금까지도 그저 침묵하고 있다. 우리 사회가 과연 청소년의 삶에 대한 정상성과 균형감을 유지하고 있는가.

"하루 10시간 학원에 갇혀"라는 보도를 보면 숨이 막힌다. 십 대 청소년들의 절규와 신음을 부모 세대가 외면하고 있다. 과연 이것이 정상적인 사회란 말인가. 학교에서도 여덟 시간 가깝게 지내는 청소년들이다. 이들에게 다시 학원에서 그 많은 시간 '공부'만 하라고 하는 것은 '교육'이 아니라 '학대'에 가깝다. 통계에 의하면 우리나라 학생들의 주당 평균 학습 시간은 OECD 국가 평균의 최대 두 배에 이른다. 성인에겐 하루 8시간 노동을 권장한다. 청소년에겐 하루 16시간 가깝게 '공부'를 강요하는 사회가 과연 건강한 사회일까. 정말 이를 악물고 살인적 경쟁교육에 순응하며 참고 견뎌 내면 미래 사회가 요구하는 '창의성'이 길러지는 걸까. 사실 '창의성'은 습득한 지식을 곱씹고 여유롭게 성찰하며 사색하는 과정에서 길러지는 것이다. 빽빽한 일정에 일방적 주입으로 길러지는 역량이 아니라는 점을 인식할 필요가 있다. 창의성을 길러 주기 위해서는 '쉼'이 있는 교육이 절대적으로 필요하다. 우리 아이들은 숨을 쉴 수 있는 시간이 상대적으로 부족하다.

 교육계 모두가 나서야 한다. 청소년에게 마음껏 뛰어놀 수 있는 자유와 자신의 삶에 대해 성찰할 수 있는 여유를 주는 것이 사치일까. 절대 그렇지 않다. 자신의 존재 이유와 의미를 깨달을 수 있는 시간을 허락하고 배려하는 것은 기성세대가 청소년들에게 책임져야 하는 막중한 책임이자 의무에 해당한다. 부모 세대가 이 의무를 외면하거나 망각해선 안 된다. 대학 들어갈 때까지만 참으라며 아이들 행복을 유예하는 건 바람직하지 않다. 왜냐면 원하는 대학에 진학하면 그땐 좋은 학점과 스펙을 위해 다시 참아야 한다. 또 남들이 선망하는 직장을 구하기 위해 참아야 한다. 결혼 준비를 위해 참아야 한다. 독신으로 살고자 하는 경우엔 은퇴 이후 시기를 대비하기 위해 참아야 한다. 결혼을 선택했다면 육아 단계에 들어서 아이를 잘 키우기 위해 다시 참아야 한다. 출산을 선택하지 않더라도 노후 대비를 위해 참아야 한다. 승진하기 위해 참아야 한다. 탈 없이 퇴직하기 위해 참아야 한다. 퇴직 후엔 큰 병 없이 은퇴 이후 시간을 편안히 즐기며 죽음을 맞이하기 위해 참아야 한다. 이것이 삶이기 때문이다. 그래서 지금, 여기, 당장의 행복을 유예하는 삶은 죽는 순간까지 진정한 행복을 경험할 수 없게 된다. "우물쭈물하다가 내 이럴 줄 알았다."라는 묘비명을 남긴 버나드 쇼의 통찰은 남 이야기가 아니다.

저명한 사회학자로 널리 알려진 영국 옥스퍼드대학 사회학과 조너던 거슈니(Jonathan Gershuny) 교수가 국내 한 언론과의 인터뷰에서 "교육 압박(Educational Pressure)이 청소년 일상에 미치는 영향과 결과"를 언급했다. 그는 인터뷰에서 "한국의 교육열은 냉전 시대 끝없는 '군비 경쟁'을 떠올리게 한다."라고 지적했다.

"상대가 전함을 만들 것이라는 두려움에 우리도 전함을 만드는 거다. 상대는 우리 전함을 보고 실제로 전함을 만들고, 그러면 우리는 추가로 전함을 만들어야 하고 결국 경쟁이 가속화된다. 한국 부모들은 '다른 집 아이가 사교육으로 더 앞서 나갈지도 모른다.', '우리 아이만 뒤처질지 모른다.'라고 생각하며 사교육에 돈과 시간을 투자한다. 이를 본 다른 부모들도 교육에 투자하고, 다들 지지 않으려 점점 더 많은 자원을 투자해야 한다고 생각하게 된다. 이것이 첫 번째 문제점이다."

다른 문제는 없는지 사회학자의 관점이 궁금했다.

"좀 더 심각한 문제는 그다음에 온다. 서로 경쟁하다 보면 결국 더는 버틸 수 없는 시점이 온다. 상대가 겨우 좀 더 버텨서 이기면 자신을 패배자로 여긴다. 자신이나 부모가 충분한 능력(Merit)을 쌓지 못했다며 원망을 하고 자기에 대한 혐오(Self-Loathing)에 빠질 개연성이 높다. 능력에 대한 판단 기준이 선망하는 대학에 들어갔느냐에 달려 있어서 입시에 실패하면 곧 능력이 없다고 생각하는 거다."

우리 사회의 모습을 날카롭게 지적하고 있는 저명한 사회학자의 통찰력에 공감하지 않을 수 없다. 그렇다면 이런 현실에서 우리는 어떤 노력을 해야 할까. 그는 우리 사회에 다음과 같은 해결방안을 제시한다.

"공정한 입시제도를 만드는 것은 중요한 일이다. 하지만 그것만으로는 충분하지 않다. 소수만이 거머쥘 수 있는 학벌 성취에 모두가 자원을 쏟아붓지 않도록 사회적 보상 체계를 개선해야 한다. 대학 서열의 다각화(Multidimensional Status Ordering)를 비롯해 사회적 성취에 이를 수 있는 학벌 외의 다양한 길을 만들어 가는 것이 매우 중요한 과제다."

말하자면 다양한 기준과 조건으로 보상 체계를 개선해야 한다. 그것이 꼭 '학벌'이 아니라 다양한 기준으로 보상 체계가 이루어지면 교육문제 해결이 가능하다는 것이다. '노동'을 통해서도 사회적 보상과 성취에 이를 수 있어야 한다. '창업'을 통해서도 이룰 수 있어야 한다. 개인의 '창의적 역량'으로 성취에 이를 수 있어야 한다. 대학 진학을 선택하지 않고 고등학교만 졸업해도 사회적 보상과 성취에 도달할 수 있다면 상당수가 대학 진학에 목을 매지 않을 것이다. 이는 달리 말하면 포용적 복지가 구현되는 사회가 되어야만 교육 문제도 해결되고 개인의 행복도 실현 가능한 사회가 된다는 말이다. 무상교육, 무상의료, 무상복지, 시간당 최저임금 현실화, 기본소득 보장제 등이 실현되면 모든 문제는 깔끔하게 해결된다. 그래서 우리는 포용적 복지국가를 지향해야 한다. 이쯤 되면 '포퓰리즘'이니 '인기영합주의'니 '대중주의' 등의 용어가 난무할 것이다. 그러나 대한민국 국민으로 태어나서 우리에게 부과된, 교육의 의무, 국방의 의무, 납세의 의무, 선거의 의무를 성실하게 이행하고 있는 선량한 국민이자 주권자가 자신이 부리는 입법부, 행정부, 사법부 머슴들에게 이 정도를 요구하는 것이 과도하거나 불합리한가. 절대 그렇지 않다. 주권자로서 우리 명령을 대신 수행하는 머슴들에게 그 정도를 지시한다고 '포퓰리즘'이라거나 '포퓰리스트'라고 비판하거나 비아냥댄다면 그것은 주권자인 국민을 섬기는 자세가 그릇되었기에 탄핵을 당해야 마땅한 머슴이다. 그야말로 버르장머리 없는 머슴들이 주인을 농락하는 셈이다.

다시 청소년의 일상으로 돌아와 마무리 짓고자 한다. 이제 우리 사회는 청소년의 절규와 신음에 주목해야 한다. 그들의 절규에 귀를 기울여야 한다. 교육계와 기성세대는 분명한 답을 내놓아야 한다. "틀에 가둬 놓고 좋은 성적을 받아야 한다, 혹은 말을 잘 들어야 한다고 압박하는 경향이 굉장히 강하기 때문에 이런 인식들을 개선하는 데 이번 UN 발표가 도움이 되기를 바란다."라는 고등학교 1학년 학생의 인터뷰가 가슴을 먹먹하게 한다. UN 아동권리위원회는 오는 9월 본 회의에 참석할 우리 정부에 권고 사항을 전달하고, 5년 뒤 이행 보고서 제출을 요구한다고 한다. 부끄럽기 짝이 없다. 한참 늦었으나 우리 교육계에 '쉼'이 있는 교육을 제안한다. 살인적 경쟁교육, 이제는 멈춰야 한다.

※ 교육개혁의 핵심은 우리 교육공동체 근간을 유지하는 철학 기조와 원리를 바꾸는 일이다. 현재는 학생도 학부모도 교사도 '경쟁'의 원리를 온몸으로 버티며 맞서고 있다. 이젠 경쟁 구조를 과감하게 혁신해야 한다. '협력'과 '배려'가 작동할 수 있는 교육환경을 만들어 주는 노력이 필요한 상황이다. 교육 기조와 철학이 바뀌려면 오랜 시간이 필요하다. 그래도 한 발씩이라도 나가야 한다. 주저할 겨를이 없다. 왜냐면 이 땅에서 나고 자랄 아이들의 목숨이자 삶의 질이 달려 있기 때문이다.

삶의 만족도 · 학교생활 행복도 · 국제학업 성취도평가(PISA), 어떻게 볼 것인가

1986년 1월 15일 "행복은 성적순이 아니잖아요."라는 말을 남기고 세상을 등진 중학교 3학년 학생이 있었다. 이 학생이 살아 마지막으로 남긴 글에는, "행복은 성적순이 아니잖아. 난 그 성적 순위라는 올가미에 들어가 그 속에서 허우적거리며 살아가는 삶에 경멸을 느낀다."라는 내용이 적혀 있었다. 그 후로 「행복은 성적순이 아니잖아요」라는 영화가 만들어졌다. 1989년 5월 28일 결성된 전교조 선언문에는 다음과 같은 내용이 담겨 있다.

"가혹한 입시경쟁 교육에 찌든 학생들은 길 잃은 어린양처럼 헤매고 있으며, 학부모는 출세 지향적인 교육으로 인해 자기 자녀만을 생각하는 편협한 가족이기주의를 강요받았다. 이러한 교육모순은 학생들의 올바른 성장을 학부모에게 위임받아 책임져야 할 우리 교직원으로 하여금 교육 민주화의 대장정으로 떨쳐 일어서도록 만들었다."

그로부터 30년이 지났다. 최근 5년간 스스로 목숨을 끊은 학생이 549명에 이른다. 스스로 목숨을 끊는 극단적 선택이 55%나 증가했다. 이 가운데 성적과 학업 스트레스가 원인을 차지하는 경우는 12.7%로 나타났다. 물론 통계에 잡히지 않는 경우까지 감안한다면 심각한 비율이다. 올해도 수능 시험을 치른 고3 수험생이 스스로 목숨을 끊는 일이 벌어졌다.

우리나라 청소년들에게 삶의 만족도를 물었다. 이 질문에 OECD 회원국 37개 국가와 비회원국 34개국을 합친 71개 국가 가운데 최하위에 해당하는 65위를 차지했다. 반면 OECD 37개 회원국 가운데 수학은 1~4위, 과학은 3~5위, 읽기는 2~7위를 차지했다. 이 수치를 보면서 어떤 생각이 드는가. 너무나 반가운 소식은 '삶'에 대한 만족도의 상승도가 71개국 가운데 1위를 차지했다.

우리나라는 2013년부터 국가수준학업성취도평가를 시작했다. 이 평가에서 똑같은 질문 내용을 바탕으로 중학교와 고등학교 학생들의 '학교생활 행복도' 평가를 했다. 올해 중학생들의 학교생활 행복도는 64.4%였다. 고등학생들의 학교생활 행복도는 64.7%로 집계됐다. 지난 6년간 학교생활 행복도가 무려 22.6%가 상승한 결과다.

학교생활 행복도를 측정하는 질문 내용을 살펴보자. 심리적응도 항목에서 "우리 학교에는 나에게 관심을 갖고 따뜻하게 대해 주는 선생님이 계신다.", "나는 학교에서 친구들과 잘 어울려 지낸다.", "나는 학교에 속마음을 이야기할 수 있는 친구가 있다.", "나는 학교생활을 잘하고 있다.", "나는 학교에 가는 것이 즐겁다.", "우리 학교에는 나를 인정해 주는 선생님이 계시다.", "나는 학교를 다니면서 내 자신이 계속 나아지고 있다고 생각한다."와 같은 질문에 응답하도록 했다.

또 교육환경 만족도 항목에서 "우리 학교는 동아리 활동, 방과후활동 등에 참여할 기회가 많아서 좋다.", "우리 학교는 중요한 결정(축제, 교칙, 학교 편의시설, 건의사항 등)에 학생들의 의견을 반영해서 좋다.", "우리 학교는 시설(도서실, 컴퓨터실, 음악실, 과학실, 체육관, 운동장, 급식실, 냉난방시설)이 잘 갖추어져 있어서 좋다.", "우리 학교는 학생들이 열심히 공부해서 좋다.", "우리 학교는 선생님들이 열심히 가르쳐 주신다."와 같은 질문에 대한 응답이었다.

학교생활 행복도가 조사를 실시한 이래 올해까지 꾸준하게 상승하고 있다는 점은 대단히 유의미한 지표이다. 특히 진보 교육감들이 당선된 지역을 중심으로 학생들의 인권과 학교생활 만족도가 지속적으로 신장되고 있다는 점에 주목해야 한다. 국내적으로는 대단히 바람직한 방향으로 나아가고 있다는 사실이 확인되었다.

반면 국제학업성취도평가(PISA)에서 학생들에게 "삶에 얼마나 만족하십니까?"라는 질문을 던진 결과, 우리나라 청소년들의 삶의 만족도는 최하위를 차지했다. 학업성취도평가(PISA)는 최상위권을 유지했다. 이 상황을 어떻게 해석해야 할까. 삶의 만족도는 떨어졌다. 반면 학업성취도가 최상위권을 유지하고 있다.

결국 학업성취의 배경에 자발성과 능동성이 부족하다는 의미로 판단할 수 있다. 시험 성적은 우수하지만 행복하지 않은 학생의 삶을 우리는 어떻게 해석하고 평가해야 하는가. 이것이 국제경쟁력을 저하시키는 핵심 이유이다.

행복은 성적순이 아니라는 유언을 남기고 떠난 지 35년이라는 시간을 보낸 지금. 우리 사회는 얼마만큼 우리 아이들을 이 고통스러운 굴레에서 벗어나게 했는가. 이제는 기성세대가 나서서 적극적으로 문제를 해결해야 한다. 더 이상 아이들의 고통과 절규를 외면해선 안 된다. 우선 수능과 내신을 절대평가로 바꿔야 한다. 학생들을 살인적 경쟁체제로 내몰아서는 안 된다. 그것은 어른의 도리가 아니다.

※ 삶의 만족도는 최하위권이다. 그런데 학업성취도는 최상위권이다. 학업성취도만 앞세우다 보니 삶의 질과 만족도는 최하위권을 맴돈다. 어떤가. 누구도 바람직하다고 말할 수 없을 것이다. 삶의 만족도와 학업성취도 모두 최상위권을 유지한다면 금상첨화가 아니겠는가. 우리가 추구해야 할 방향이다. '공부'하는 것이 더는 고통이 되거나 아픔이 되지 않기를. 청소년의 삶에 대해 더 많은 배려가 필요하다.

분리 · 차별 · 특권교육 묵인하는
교육정책 반대한다

　고교서열화 정책은 분리교육, 차별교육, 특권교육의 묵인에서 출발했다. 성적이 우수한 학생들을 위한 '수월성 교육'이라는 명분 아래 일반 학생들과 분리해 교육하면서 가치와 방향성을 상실했다. 의도하지 않았겠지만 분리교육은 차별·특권교육의 단초를 제공했다. 고교서열화 정책이 간과한 최대 패착은 헌법정신을 위배한 정치적 결정이었다는 점이다. 고교서열화 정책은 "정치·경제·사회·문화의 모든 영역에 있어서 각인의 기회를 균등히 하고, 능력을 최고도로 발휘하게 하며"(헌법 전문) "모든 국민은 법 앞에 평등하다. 누구든지 성별·종교 또는 사회적 신분에 의하여 정치적·경제적·사회적·문화적 생활의 모든 영역에 있어서 차별을 받지 아니한다."(헌법 11조 1항) "사회적 특수계급의 제도는 인정되지 아니하며, 어떠한 형태로도 이를 창설할 수 없다"(헌법 11조 2항) "모든 국민은 능력에 따라 균등하게 교육을 받을 권리를 가진다"(헌법 31조 1항)는 헌법 조항을 제대로 이해하고 수립됐어야 했다. "능력에 따라 균등하게 교육을 받을 권리"가 분리와 차별, 그리고 배제와 특권을 정당화하거나 인정하는 조항이 아님은 기본 상식이다. 평범한 서민 가정에서 연간 학비

1천만 원부터 2천만 원이 넘는 학교에 다니는 걸 감당하긴 쉽지 않다. 경제적 부유층에게 유리한 고교체제임이 분명하다. 상황이 이런데 헌법 31조 1항을 자사고 설립 근거로 해석하려는 억지와 어리석음이 당황스럽다. 실제 이렇게 문턱이 높은 상산고가 입학정원 10%에 불과한 규모조차 교육복지 대상인 기초생활수급가정과 차상위계층 가정을 배려하지 못했다는 이유로 해당 평가에서 감점을 받은 것에 대한 적절성을 따지며 문제 삼고 있다. 그렇다면 자사고는 초헌법적 기관인지 되묻지 않을 수 없다. 게다가 자사고의 법적 근거는 초·중등교육법 어디에도 존재하지 않는다. 다만 시행령으로 존재할 뿐이다. 법적 근거가 얼마나 취약한지 명백하게 드러났다. '초·중등교육법 시행령'에 자사고는 91조 3항, 특목고는 90조에 학교설립의 법적 근거가 기술돼 있다. 이에 따라 문재인 정부 집권 초기에 법률 개정이 아니라 국무회의에서 시행령을 개정하는 것만으로도 자사고·특목고의 일반고 전환이 가능했다. 당시 자사고 등의 일반고 전환에 대한 여론조사 결과도 국민 절반 이상이 찬성했다. 자사고 폐지 정책을 문재인 정부는 대선 공약으로 약속했다. 당시 리얼미터(52.5%), 티브이조선(62.3%), 좋은교사운동(88%) 등의 자사고 폐지 관련 여론조사 결과는 진보와 보수를 가릴 것 없이 찬성이 압도적이었다. 정권 출범 초기 80% 넘는 지지율을 바탕으로 대선 공약을 이행했어야 했는데도 정부는 떠넘기기와 눈치 보기로 일관했다. 그러다가 교육감들에게 공약 이행을 기대하더니 이젠 아예 대놓고 청와대와 여권 일부에서 지연과 학연을 동원해 자사고 폐지 정책에 다른 속내를 드러내고 있다. 자사고 문제를 교육적 관점에 국한해 보면 '동료효과'를 전혀 고려하지 않았던 점도 뼈아픈 대목이다. 교육이 간과할 수 없는 소중한 가치인데도 우리 사회가 기능적 접근만 시도하다가 소중한 교육적 가치에 소홀했다. 다양한 학생이 함께 공동체를 구성할 때 서로에게 긍정적 역할 모델을 하게 된다. 교육 공동체가 지속적 성장을 위해 필요한 기본 철학조차 망각했다. 삶을 위한 교육은 교실에서부터 시작해야 한다. 교실에서 만나는 친구라면 우리 사회 어디에서든 만날 수 있어야 한다. 나와 다른 환경에서 자란 다양한 친구와 교류하고 성장하며 서로를 이해할 수 있어야 한다. 그래야 어른으로 성장해서도 서로 다름을 인정하고 상호 존중하는 사회를 기대할 수 있다. 분리와 배제 그리고 특권을 허용하는 방식은 바람직하지 않다. 이것이 자사고 정책에 반대하는 본질적 이유이기도 하다.

※ 교육도 철저하게 헌법정신을 따라야 한다. 헌법정신을 부정하는 교육서열은 극복해야 한다.

우리 사회는 과연 공정한가

온 국민이 '공정성'에 민감한 이유는 분명하다. 차별과 특권을 인정할수 없기 때문이다. 부모의 사회·경제적 지위가 학생의 능력을 평가하는 기준이 된다면 이보다 억울한 사회는 없다. 신분제가 사라졌으나 계층을 구분하려는 시도는 형태와 방식만 달라졌을 뿐 여전히 권력과 부에 따라 신분제가 작동하지 않는다고 단언하기도 어렵게 됐다.

평범한 서민들이 분노하는 이유는 "기회는 균등하고, 과정은 공정하며, 결과는 정의로울 것"이라는 선언이 선언적 구호에 불과했다는 상실감 때문이다. 과연 기회가 균등했는가. 과정은 정말 공정했는가. 결과는 약속처럼 정의로웠는가.

조국 법무부 장관 후보자 딸이 학술지에 논문을 등재할 수 있었던 '학부형 인턴십'은 학교의 공식 프로그램이 아니었다. 인맥을 형성한 학부모들이 자녀 대학 진학에 도움을 주고자 기획했다. 지방이나 농어촌 지역 일반고에서도 이런 프로그램을 운영할 수 있을까. 그런 점에서 균등한 기회는 보장되지 않았다. 고교생이 2주간 인턴십 참가를 토대로 학술지에 제1 저자로 등재됐다. 게다가 의과대학 연구팀 소속으로 등재된 학술지 논문을 학교생활기록부에 기재했다. 그리고 자기소개서에도 적시했다. 2010 학년도 당시 고려대 세계 선도 인재 전형의 1단계 평가는 학교생활기록부에 기재된 비교과 내용을 포함했다. 별도로 제출하는 서류를 종합적으로 평가한다고 공지했다. 학교생활기록부에 기재했고, 자기소개서에 관련 내용을 기술했다면 정성적이고 종합적인 평가에 반영되지 않을 수 없음은 삼척동자도 아는 사실이다.

이것이 비단 조국 후보자에게만 국한된 문제일까. 그렇지 않다는 현실에 우리는 절망하게 된다. "개별면접 평가표 점수를 잘못 입력한 것은 사실이나, … 환산한 것일 뿐, 점수를 허위로 입력한 것은 아니며 그로 인해 합격 여부에 영향이 없으므로, 고발대리인(서울시교육청)이 주장하는 절차 위반으로 인해 합격할 수 없는 지원자가 합격하는 등 최종합격자 선발 결과가 달라졌다고 보기 어렵다." 하고 부정 입학 의혹을 수사했던 검찰의 불기소 결정문 가운데 일부다.

그러나 실제 평가표를 보면, 합격생이 받았던 평가점수 12점을 14점으로 2점이나 올려서 잘못 입력했다. (점수를 잘못 입력한 것일 뿐이라고 했지만) 불합격생의 평가점수는 13점에서 14점으로 1점만 오른 것으로 입력돼 있었다. 소수점 둘째 자리에서 당락이 결정되는 입시에서, 합격한 학생만 2점이나 더 올려 준 평가표를 확인하고도 검찰은 불기소 처분을 했다. 게다가 평가위원의 필적과 다른 사람의 필적으로 조작된 서류평가표가 적발됐다. 평가표가 아예 바꿔치기 됐다는 사실도 확인했다. 입시 비리에 무감각한 검찰의 민낯이다. 특권층이 살아가는 방식이기도 하다.

과거 이명박 정권 당시엔 청와대 고위공직자 아들이 심각한 학교폭력 가해자였다. 그런데 처벌 없이 강남구 소재 학교로 전학했고, 소위 sky라 일컫는 대학의 경영학과에 수시로 합격했다. 어디 이뿐인가. 학교 교칙을 심각하게 위반한 문제로 퇴학 처분받았던 학생은 사회 저명인사였던 부모의 간곡한 요청으로 특별교육 이수를 조건으로 아무런 처벌 없이 서울대에 진학했다.

자칫 이런 논의가 수시를 축소하고 정시를 확대하자는 방향으로 흐르는 것도 경계해야 한다. 정성적 평가는 시대 흐름에 부합한다. 다만 그 과정에서 드러나는 문제점을 개선하기 위한 대책을 마련하고 개선해 나가면 된다. 젊은이들이 공정성에 분노하는 이유가 무엇인지 심각하게 성찰해야 한다. 교육이 무너지면 나라가 망하는 법이다. 그래서 우리는 특권과 부정에 맞서 끝까지 싸워야 한다.

※ 불완전한 존재인 인간이 만드는 제도와 법률 그로부터 형성되는 문화는 당연히 불완전한 모습으로 존재할 수밖에 없다. 따라서 우리는 끊임없이 의문을 제기해야 한다. 우리가 살아가는 삶이 과연 공정한가. 바람직한가. 그렇지 않다면 한 발이라도 전진해야 한다. 작은 변화일지라도 앞서 나가야 한다. 그래야 역사는 진보하고 발전한다.

2장

코로나19 ·
미래교육

코로나19 이후,
새롭게 주목해야 할 10가지 질서

코로나19 이후 모든 것이 달라지고 있다. 우리가 새롭게 주목해야 할 열 가지 질서와 관점은 무엇인지 살펴봐야 한다.

첫째, 선진국에 대한 허상이 무너졌다. 동시에 선진국의 개념과 조건이 달라졌다. 우리나라 제21대 총선이 실시되는 2020년 4월 15일을 기준으로 전 세계 코로사 사망자 숫자는 12만 명을 넘었다. 죽음에 이르는 치명률도 이미 6%를 넘어섰다. 코로나로 인한 선진국의 사망자가 미국은 2만 명을 훌쩍 넘겼다. 영국도 1만 명을 진작 넘겼다. 치사율은 무려 12.7%에 이른다. 프랑스도 사망자 숫자가 1만 4,000여 명을 넘어섰다. 독일은 3,000명이 넘었다. 이탈리아는 2만 명이 목숨을 잃었으며 치명률은 무려 12.8%에 육박한다. 스페인은 사망자가 1만 7,628명을 넘어섰다. 유럽 다수 국가의 치명률이 10%대를 넘기고 있다. 반면 우리나라 사망자 숫자는 200명대이고 치명률 2%대를 유지하고 있다. 의료시스템과 국가의 조직적 대응 그리고 이를 가능케 한 리더십 등에 기인한 결과로 해석할 수 있다. 각종 통계와 다양한 수치에서 드러나듯 이제 선진국의 개념과 조건이 달라지고 있다. 코로나19 상황에서 잘 대처한 나라는 우리나라였다. 우리가 익히 선진국이라 알고 있던 미국과 유럽 국가들이 과연 선진국의 조건을 갖추고 있었던가. 우리나라가 선진국의 반열에서 새로운 모델을 선도해야 하는 상황이 되었다.

둘째, 정부와 지자체의 역할이 더욱 커졌다. 소득격차가 만드는 디지털 격차와 양극화가 우리 사회의 안정성을 위협한다. 현재 부모 세대의 소득격차가 자녀 세대의 교육격차를 낳는다. 자녀 세대의 교육격차는 그 열악한 환경에서 성장한 자녀가 졸업 후 직장을 얻게 되면 다시 소득격차로 이어진다. 반복 재생산되는 악순환의 연결고리다. 가장 심각한 지점은 소득격차가 지금 상황에선 디지털 격차로 고스란히 반영된다는 점이다. 악순환의 고리를 끊어내지 못하면 계층 이동 희망이 사라진다. 그만큼 불안정한 사회로 고착될 우려가 상존한다. 포용적 복지와 정부와 지자체의 역할이 중요한 이유이다.

셋째, 생명권과 교육권 보장을 위한 노력이 절대적으로 필요하다. 양극화된 소득격차와 디지털 격차는 결국 생명권과 교육권까지 위협한다. 미국에선 코로나 사망자의 62%가 흑인과 히스패닉 등 경제적 취약계층에 집중됐다. 어느 사회건 경제적 취약계층에 대한 선제적 배려와 지원, 그리고 보편적 복지 확대가 절실한 대목임을 상징적으로 보여 준다. 한 사회의 건강성은 개인의 능력과 역량에 따라 계층 이동의 기회가 정의롭고 공정할 때 유지된다. 그러기 위해서는 교육의 기회가 균등해야 하며, 교육과정이 공정하게 운영돼야 하며, 교육 결과가 정의롭게 나타나야 한다.

이처럼 생명권과 교육권을 보장하지 못하는 사회는 통합을 이룰 수 없는 불안정한 사회로 갈등과 대립의 굴레에서 벗어날 수 없다.

넷째, 온라인 교육과 오프라인 교육의 경계가 분명해졌다. 코로나가 가져온 가장 큰 변화의 흐름 가운데 하나가 바로 교육 현장의 재편이다. 엄청나게 빠른 속도로 코로나 이후 새로운 시대를 맞이하고 있다. 교육공동체의 구성원들조차 앞으로 곧 들이닥칠 교육환경이 어떻게 변화하고 있는지 모른다. 태풍의 눈 한가운데에서 주변을 제대로 인지하지 못하는 모습과도 흡사하다. 우리 의지와 무관하게, 우리는 새로운 교육생태계의 변화를 맞이하고 있다. 온라인 기반 원격수업 형식과 다양한 플랫폼을 대상으로 국가 수준 교육과정은 물론이고 시·도교육청 단위 교육과정 그리고 단위학교 현장 수준 교육과정 운영을 위한 세부 지침 마련 등이 필요한 시점이다.

다섯째, 학교의 역할과 기능도 변화의 국면을 맞이했다. 지식과 정보의 습득은 온라인이 그 기능을 대부분 흡수해 버릴 것이다. 인공지능과 로봇이 지식과 정보 전달의 매개로 급부상할 수밖에 없다. 동시에 안정적 플랫폼을 갖춘 인터넷 강의나 실시간 원격강의 등의 방식으로 지식과 정보의 소통과 수용 그리고 재생산이 폭발적으로 일어날 것이다. 그렇다면 동시에 오프라인, 즉 학교의 역할과 기능에 대한 새로운 요구도 봇물 터지듯 쏟아질 것이다. '사람'과 '삶'에 대한 깊이 있는 이해와 관계를 익히고 학습하는 공간이 '학교'의 기능과 역할을 대신하게 될 것이다. 이에 따라 교사 양성과정에서도 학습자 발달단계에 맞는 심리학과 상담 심리학 관련 다양한 이론과 실습 등을 대폭 확대해야 한다. 이 방향에서 교대와 사범대 등 교원양성체제 개편 방향성을 추구해야 한다. 미래 사회가 요구하는 교원 양성의 인재상은 교과 지식을 효과적으로 전달하는 전문가의 역할도 중요하나 탁월한 상담역량을 갖춘 교원으로 학습자의 발달단계에 맞는 전문 상담역량을 지닌 교원양성체계 구축이 시급한 화두가 되었다.

여섯째, 재택근무가 일상적 삶으로 자리 잡는 계기로 작용했다. 정형화된 삶의 양식이 형해화되어 버리는 형국으로 전환됐다. 대면 방식보다 온라인 의사결정 시스템이 구축된 사회에서는 재택근무도 그만큼 수월하다. 출근하지 않아도, 몸이 아프면 사나흘 쉬면서 재택근무를 해도 조직은 무리 없이 잘 돌아간다는 사실을 코로나를 경험하며 알게 됐다. 그렇게 아등바등 출근하지 않아도, 조금은 여유로운 마음으로 느긋하게 멀리 조망하며 사는 삶도 허겁지겁 달려온 삶 못지않게 가치 있고 효율성을 추구하는 삶이라는 것을 알게 됐다.

일곱째, 민영화 함정에서 탈피해야 한다. 교육, 보건, 의료 등 국가 근간을 유지하기 위한 분야만큼은 민영화의 함정에서 벗어나야 한다. 민영화에 맞서 끝까지 지켜 내야 하는 영역이다. 이른바 선진국이라 일컫는 국가들의 의료시스템이 한순간에 붕괴하는 모습은 가히 충격적이다. 포스트 코로나 이후 세계질서를 재편하는 가장 큰 기준 가운데 하나가 바로 공공의료 시스템을 포함해서 교육, 보건, 의료 등 국가 근간을 유지하기 위한 분야가 어느 수준에 이르렀는가와 보편적 복지를 추구하는지에 달렸다고 해도 과언이 아닌 시대를 맞이했다. 재편되는 혁명적 질서이다.

여덟째, 비대면 사회와 대면 사회의 특수성을 이해해야 한다. 앞으로 비대면 과잉사회의 속도는 하루가 다르게 빨라질 것이다. 하지만 그럴수록 더욱 절실해지는 대면 사회를 지향하는 결핍된 욕망을 충족시키기 위한 다양한 산업 분야가 촉망받게 될 것을 예측할 수 있다. 인간의 고독이 깊어지고, '고립감'과 '소외감', '외로움'이 깊어질수록 우리는 '인간'을 그리워하고 심리적 문제를 해결해야 하는 삶과 직면하게 될 것이다. 그런 점에서 최근 들어 '심리학과'나 '철학과' 등의 전공 인기가 치솟고 있는 배경이기도 하다.

아홉째, 경쟁과 자본의 야만성을 극복해야 한다. 경쟁과 자본의 논리가 촉발하는 야만성이 우리 사회를 어디로 몰고 가고 있었는지 냉혹한 현실과 마주하는 계기가 됐다. 인간의 탐욕이 빚어낸 환경파괴와 기후 위기를 처참하게 경험하고 있다. 아울러 무한 경쟁 시대를 살아남기 위해 건강도 안전도 생명도 경쟁과 자본의 논리 뒷전으로 밀렸던 삶의 가치들을 생생하게 조명할 수 있었다. 교육철학 혹은 교육 패러다임의 대전환이 필요한 시점이 되었다.

열째, 우리는 앞으로 무엇을 어떻게 대비할 것인가. 국민을 대상으로 하는 기본소득제도는 인기영합주의 정책이 아니다. 국민을 섬겨야 하는 국가의 도리이자 기본자세라는 사실을 코로나 사태가 알려 주었다. 빠른 속도로 일자리가 줄어든다. 로봇과 인공지능을 포함한 4차 산업혁명의 결과는 많은 일자리가 줄어들고 새로운 영역의 일자리가 창출되면서 노동에서 소외되는 현상이 보편적 사회문제로 대두할 수밖에 없다. 이에 따른 효과적 대응은 선별적 복지가 아닌 보편적 복지가 옳은 방향이었음을 확인했다. 과감한 세제 개편과 부유층이 더 많은 나눔과 사회적 약자에 대한 배려를 바탕으로 국민 기본소득 보장제도의 토대를 마련해야 한다.

교육 기회는 누구에게나 균질적으로 보장되어야 한다. 교육과정의 적용도 누구에게나 공정하고 공평해야 한다. 그리고 그에 따른 결과 역시 정의로워야 한다는 점을 우리 사회가 엄정하게 요구하고 있다.

※ 인류 역사의 새로운 전환기를 맞이하고 있다. 서구 중심의 역사관이 지속 가능한 관점에서 한계에 봉착한 것은 어찌 보면 필연적 과정이었음을 부정할 수 없을 것이다. 비극의 씨앗은 '자연'을 바라보는 관점에 기인한다. '인간'을 '자연'보다 우위에 둔 사고와 가치관이 작동했던 시대의 응답은 기후와 환경파괴로 인한 재앙과 위기로 응답했다. '자연'과 '인간'의 관계가 조화로움 속에서 인식했던 동양적 사유의 틀은 새로운 문명사적 위기에 적합한 대안으로 등장한다. 선진국의 개념도 분명하게 달라졌다. 새로운 시대를 선도할 자신감이 필요하다.

미래교육과 학교의 역할은
무엇인가

(이 발제문은 대통령직속 국가교육회의가 전국교직원노동조합, 전국시도
교육감협의회, 한국교원단체총연합회 등과 함께 교육 4개 단체 공동포럼
'코로나로 미리 온 미래교육과 학교의 역할' 토론회에서 발표한 내용임.)

● **우리를 둘러싼 현실**

코로나19로 촉발된 교육계의 변화는 혁명적이다. 불가피하게 온라인개
학이라는 사상 초유의 경험을 하고 있으나 디지털 정보격차가 엄연한 현
실에서 교육 불평등 문제를 어떻게 해소할 것이며, 아울러 '학교'라는 공
간은 어떤 변화를 맞이하게 될 것인가. 초미의 관심사가 되었다. 온라인
교육과 오프라인 교육도 시대가 요구하는 물음에 답을 내놓을 수밖에 없
는 상황으로 내몰렸다. 기존 교육의 절대적 시스템이 '학교'라는 오프라인
공간이었다면 코로나19가 가져온 사태는 학교를 대신해서 온라인을 활용
한 수업방식을 요구하고 있다. 사실 온라인 교육과 관련해서는 이미 다양
한 시도가 존재해 왔다.

온라인 공개수업 MOOC(Massive Open Online Course)는 이미 2011년
미국의 스탠퍼드 대학교에서 3개 강좌를 개설했다. 당시 전 세계에서 강
좌당 십만 명 이상의 엄청난 규모가 수강했다. 2018년 말을 기준으로 살

퍼보면 전 세계 900여 개의 대학에서 11,400여 강좌를 등록했고, 이 강좌의 수강생만도 백만 명 이상이다. 그만큼 온라인 공개수업이 국경과 시간을 초월해서 미래 사회의 한 단면을 상징적으로 보여 준다. 이러한 세계적 흐름과 별개로 우리나라에서는 코로나19 이후로 온라인 강좌가 대학사회의 보편적 수업방식으로 첫발을 내디디고 있으나 수요자인 학생들의 반응은 대단히 싸늘하고 차갑다. 최근 '전국대학학생회네트워크' 주관으로 실시한 온라인 강의실태 조사(2020) 결과를 보면 '매우 만족'과 '만족'이상을 응답한 학생의 비율이 전체의 6.7%에 불과했다. 93%가 넘는 학생들은 온라인 수업의 질을 심각한 수준으로 평가하고 있다.

우리는 과연 얼마만큼의 준비가 되어 있는가. 유네스코 발표에 따르면 2020년 3월말 기준, 전 세계 13억 명의 학생들이 등교하지 못하고 있다. 이는 초, 중, 고, 대학생까지 전 세계 학습자의 80%에 해당한다. 이들은 현재 온라인으로 학습하고 있다.

● 미래교육, ON-LINE & OFF-LINE

미래교육은 온라인과 오프라인이라는 두 가지 방향의 교육을 병행하지 않을 수 없다. 우선 온라인 교육은 시간과 공간의 제약을 넘어설 수 있다는 장점을 제공한다. 또 쌍방향 수업도 제한된 여건이지만 가능한 시스템 설계가 가능하다. 대규모 인원이 동시에 참여하여 진행할 수도 있고, 소규모 인원만으로도 진행할 수 있다. 대규모 수업에서는 교수자와 학습자의 1:1 대면 수업이 제한될 수밖에 없다. 하지만 소규모 인원의 온라인 수업에서는 1:1 대면 수업이 가능하다. 또 대부분의 온라인 수업은 소규모 인원의 수업이 아닌 이상 지식이나 정보를 습득하기 위한 수업에 적합하다. 온라인 플랫폼을 통해 대규모로 소통하고 수용하는 모습은 향후 눈에 띄게 확대될 것으로 예상한다.

반면 오프라인 수업은 온라인 수업에서 기대하기 어려운 교육적 효과를 구현하는 방향으로 진화하지 않을 수 없을 것이다. 구체적으로 말하자면 온라인 중심으로 이뤄지는 지식과 정보 습득에 기초하여 더 한 발짝 깊숙하게 들어가는 오프라인 수업은 교사와 학습자가 1:1로 대면한 상황에서 이뤄지는 개별화 수업과 여러 학생이 함께 토론하며 공동의 프로젝트를 달성하기 위해 협력하는 과정에서 온라인 수업과 변별되는 특수성을 획득하게 될 것이다.

〈델 테크놀로지〉 보고서에 따르면 현재 알파 세대는 65%가 현재 존재하지 않는 새로운 직업에 종사하게 될 것으로 분석했다. 프랑스 석학 에드가 모랭은 미래의 교육에 반드시 필요한 원칙을 제시하면서 "지식이 갖고 있는 오류를 반드시 알려 주어야 한다."라고 역설하면서, 동시에 "인간의 본질을 탐구하는 것"과 "개인, 사회, 인류를 연결해주는 인류 보편 윤리(민주주의와 세계시민의식)도 미래의 교육과제" 등을 꼽았다. 이러한 역량을 기르기 위해서는 반드시 교사와 학생의 대면 수업과 집단지성을 발휘할 수 있는 토론수업 등이 필수적이다. 이 외에도 예술적 감수성과 육체적 성장을 위한 예체능 활동 등은 학교 현장이라는 오프라인 수업과 활동을 통해 길러질 수밖에 없을 것이다.

● 온라인 교육의 미래

향후 미래교육의 가장 큰 변화는 온라인 교육의 확장성에 있다. 말하자면 학교에 다니지 않고서도 졸업자격만 갖춘다면 학력을 인정하는 사회 시스템이 지금보다 훨씬 빠른 속도로 자리를 잡게 될 것이다. 현재도 초, 중, 고, 대학에 다니지 않고도 검정고시나 학점 이수제 등의 방식을 통해 학교 급별 해당 학력이 인정되고 있다. 하지만 이러한 과정도 온라인 교육을 통해 점차 빠른 속도로 학교 교육을 대체할 가능성은 더욱 확대될 것이다.

교육부 추산
대입가능자원과
대입정원

60만명

52만6천267명

50만명 ··· 대입정원
49만7천218명

47만9천376명

40만명

37만3천470명

30만명

2019 2020 2021 2022 2023 2024 2025 2026 2027 2028 2029 2030

━●━ 대입가능자원   ──── 대학입학정원

※ 대입가능자원 : 고등학교 졸업생과 재수생
 기타 경로의 고등교육기관
 입학자 규모

자료/교육부

공정교육론

현재의 당면과제는 2년 후에 고시(告示) 예정인 2022 교육과정이다. 교육부는 국가 수준 교육과정 플랫폼을 구축하는 것이 시급하다. 지방자치단체에서는 전국 17개 시·도 교육청 단위의 교육과정 플랫폼을 마련해야 한다. 아울러 개별 단위학교에서도 단위학교 수준의 교육과정 플랫폼을 구축해야 한다.

이 교육과정에 대한 고시가 중요한 이유는 향후 '고교학점제'와 '온라인 학점제' 그리고 '평생교육'에 대한 로드맵을 제시해야 하기 때문이다. 동시에 고교학점제 이후 전개될 수밖에 없는 교사와 학생의 1:1 맞춤형 학습 체제 구축을 위해서 필수적인 과정이기 때문이다.

● 오프라인 교육의 미래

미래교육에서 가장 주목해야 하는 변화 가운데 핵심은 대면식 1:1 학습자 맞춤형 교육과정의 운영이다. 향후 공교육의 큰 틀은 교사와 학생의 일대일 대면학습 위주로 발전하게 될 것이다. 지식과 정보를 습득하는 과정은 온라인 중심의 대량학습 시스템으로 운영하는 것이 가능하지만 이를 심화시키고 발전시키며 완성하는 과정은 철저하게 개인별 1:1 맞춤형 시스템으로 정착될 수밖에 없다. 이 지점에서 온라인 교육과 오프라인 교육의 변별점이 확보된다. 말하자면 온라인 중심의 교육내용을 바탕으로 개별화 과정은 오프라인에서 발표와 토론 및 1:1 개인별 맞춤형 교육과정을 통해 완성되는 개념이다.

지식과 정보는 온라인 수업 시스템으로 충분한 학습이 가능하다. 현재도 많은 학생이 온라인상에서 소위 말하는 '인터넷 강의(인강)'를 통해 학습하고 있다. 그러나 향후 미래교육에서의 온라인 강의는 사전 학습의 개념과 보충학습의 개념으로 활용될 것이다. 이를 바탕으로 학생들은 오프라인 학습 공간인 마을교육 공동체와 학교에서의 학습을 통해 교육과정을 심화하고 체득하는 과정을 거치도록 오프라인 교육이 강화될 것이다.

● 무엇을 가르치고 배울 것인가?

지금까지 개정된 교육과정에서 추구했던 인간상 혹은 인재상을 검토한 결과, 해당 교육과정이 추구했던 인간상 혹은 인재상엔 각 시대가 필요로 했던 모습이 투영되고 반영된 결과였다고 평가할 수 있다. 2022 교육과정의 지향점을 "삶을 위한 교육"을 강조한 상황에서, 인재상을 필자는 "사유하는 민주시민"으로 제시한 바 있다. '사유(思惟)'의 개념은 "생각하고 이치를 궁리하는 것"으로 "개념, 구성, 판단 등을 하는 인간의 지적 작용"이자 "대상을 분별하는 일"을 포괄하는 개념이다. '민주시민'의 개념은 "민주주의의 원리를 존중하고 실천하는 태도를 가지며, 개인적 행복을 추구하는 동시에 국가와 사회의 발전에 공헌할 수 있는 사람"을 일컫는다. "사유(思惟)하는 민주시민"이라는 인재상의 실현을 위해 필요한 역량 정리해서 발표한 바 있다.[1]

---

1) 전경원, 「2022 교육과정, 무엇을 담아야 하나?」, 『삶을 위한 교육, 더불어 행복한 교육 시대를 만들자』, 국립순천대학교, 전국참교육실천대회, 2020년 1월. 자료집 참고.

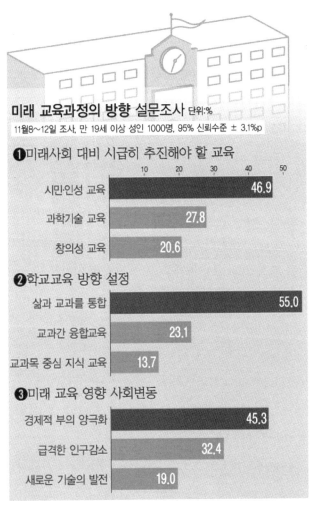

미래 교육과정의 방향 설문조사 단위:%

11월8~12일 조사, 만 19세 이상 성인 1000명, 95% 신뢰수준 ± 3.1%p

❶미래사회 대비 시급히 추진해야 할 교육

시민·인성 교육	46.9
과학기술 교육	27.8
창의성 교육	20.6

❷학교교육 방향 설정

삶과 교과를 통합	55.0
교과간 융합교육	23.1
교과목 중심 지식 교육	13.7

❸미래 교육 영향 사회변동

경제적 부의 양극화	45.3
급격한 인구감소	32.4
새로운 기술의 발전	19.0

※ 2019년 11월 교육부 의뢰로 일반 국민 1,000명 대상 미래교육과정 방향 설문 조사 결과임.

● 교사의 역할은 어떻게 달라지나?

미래교육에서 교사의 역할은 현재와 판이하게 변화될 수밖에 없다. AI 인공지능과 온라인 교육이 가속화를 앞당길 것이다. 구체적으로 예측해 보면, 향후 지식전달과 정보제공의 영역은 교사 중심의 시스템에서 인터넷과 온라인 중심으로 대폭 이양될 것이며 그 속도를 예측하기 어려울 정도로 신속하게 재편될 것이 예상된다.

현재도 상당수 학생은 이미 인터넷을 활용한 인터넷 강의는 기본이고 유튜브 등의 다양한 인터넷 매체를 통해 지식과 정보를 습득하고 있다. 교사가 지식과 정보를 전달하는 유일한 통로였던 시대는 이미 20세기에 끝났다.

향후 미래교육에서 교사의 역할은 교과 지식만 전달하는 영역에서의 전문가가 아니다. 학생의 발달을 돕고 안내해야 한다. 학생 개인이 자기실현을 하거나 사회적으로 유용한 존재가 될 수 있도록 돕고 지도하는 '가이던스(guidance)' 역할은 물론이고, 심리적인 문제나 고민 따위가 있는 학생에게 전문적인 조언을 하거나 생활 지도를 하는 '카운슬러(counselor)'의 역할로 빠르게 재편되고 있다. 따라서 교사에게 요구되는 역량도 교과 전문지식 전달의 전문성보다는 발달단계에 맞는 상담역량과 진로나 진학과 관련한 상담과 지도능력 등이 중요한 촉진자(facilitator)로서의 직무역량이 될 것이다.

공정교육론

● 교대와 사범대 등, 교원양성기관의 개편 방향

미래세대를 양성하게 될 교대와 사범대 등 교원양성기관도 커다란 충격파에 잘 대응해야 하는 과제에 직면했다. 기존의 교육과정이 약간의 교육학 관련 과목과 전공 관련 교수법 위주의 교육과정이 주를 이루었다면 이제는 과감한 교육과정 재구성이 필요한 시점이다. 교육과정을 혁신적으로 재구성하지 못하면 미래교육의 수요를 감당할 수 없는 교사를 배출하게 될 뿐이다. 가장 핵심적인 개편의 방향성은 전공영역의 효과적 전달 방법을 위한 교수법도 필요하다.

하지만 그보다 더 시급한 것은 다양한 환경에서 성장하는 학습자들의 개인적 욕구가 무엇이고, 그 과정에서 곤란과 어려움을 겪고 있는 학생들의 경우에는 왜 그러한 상황에 이르렀는지, 어떤 대처와 지도가 필요한지, 개인에게 맞는 교육과정 재구성은 어떤 방식으로 설계해야 하는지 등에 대한 역량을 길러 주어야 한다. 이를 길러 주기 위해서는 무엇이 필요한가. 발달단계에 맞는 심리학과 상담기법 등을 심도 있게 다뤄 줘야 한다. 이상심리, 발달심리, 가족 상담, 특수심리, 상담기법 등의 깊이 있는 교육과정이 개설되어야 한다.

● 온라인 교육의 양극화와 교육 불평등 문제

부모세대의 소득격차가 자녀세대의 교육격차를 만든다. 교육격차는 온라인 교육을 위한 디지털 격차를 통해 재현되고 있다. 그리고 자녀세대의 이 교육격차는 장래에 다시 소득격차로 이어진다. 이러한 악순환의 고리를 끊어 내지 못하는 한, 우리 사회에서 계층 이동의 통로는 차단된 채, 끊어진 사다리만 바라보는 형국이 계속될 것이다.

교육 불평등의 문제는 오프라인 교육의 현장인 학교 교육뿐만 아니라 온라인 교육에서도 양극화에 따른 불평등 교육의 문제가 심각해질 우려가 깊다. 따라서 이를 해결하기 위한 구체적 방안을 마련하는 것이 무엇보다 소중한 시점이다.

● 미래교육과 학교의 대안

온라인 공간에서는 시간과 공간의 제약을 벗어난 교육을 통해 지식과 정보의 습득이 원활하게 이루어지도록 지원해야 한다. 동시에 오프라인 공간인 학교에서는 교사와 학생이 1:1 대면식 개인별 맞춤형 교육과정을 완성해야 한다. 학생 개인의 발달상황과 요구에 따른 교육과정 재구성이 미래교육의 답이 되어야 한다. 학생의 요구와 관심이 교육과정으로 재구성될 수 있도록 교육과정이 편성되어야 한다. 국가수준의 포괄적 성취기준, 시도교육청 수준의 중간과정의 성취기준, 단위학교 수준에서 개인별 맞춤형 교육과정 재구성을 위한 교육과정이 위계에 맞게 제공되어야 한다.

이를 위해서는 국가교육위원회 설치 및 운영에 관한 법률에서 교육과정을 다루고 있듯이, 교육과정 설계를 위한 거버넌스 구축에서부터 기존과 다른 접근이 필요하다. 교육과정 설계의 주체는 연구과제 공모를 통해 결정되는 일부 연구자가 되어서는 불가하다. 교육과정 설계의 주체는 교사, 학생, 학부모가 중심이 되어야 한다. 관련 전공자는 교사, 학생, 학부모의 의견을 철저하게 수렴하여 체계적이고 현장 수용 가능한 모습으로 다듬는 역할에 그쳐야 한다. 최근에 있었던 일반 국민을 대상으로 했던 설문조사에서 과반의 국민은 '삶을 위한 교육'을 강조했다.[2]

● 장기적인 안목과 구체적이고 실현 가능한 로드맵

코로나19로 말미암아 온라인개학이 화두로 대두했다. 온라인개학의 과정까지 두 가지 원칙에 사회적 합의 과정을 거쳤다.

첫째, 학생의 건강과 안전을 최우선에 두겠다.
둘째, 감염병 전문가들의 판단을 존중하겠다.

감염병 전문가들은 코로나는 가을, 겨울에도 대유행이 예상된다. 이젠 코로나와 함께 살아가야 하는 방법을 고민해야 한다. 그렇다면 우리는 코로나 발생 초기였던 연초에 장기적인 로드맵과 예측 가능한 플랜 A부터 플랜 Z까지를 준비했어야 한다.

---

2) 전경원, 「미래 교육의 질(質) 향상을 위해 변화되어야 할 교육환경」, 『인구절벽시대, 미래교육의 질 향상을 위한 공동포럼』, 국가교육회의·전국시도교육감협의회·전국교직원노동조합·한국교원단체총연합회·국회의원 박경미 의원실 공동주관, 국회의원회관 제2 소회의실, 2019년 12월 4일(수) 자료집 참고.

고3 등교 개학을 강행한 것은 첫 번째와 두 번째 사회적 합의와 약속을 깬 사건이었다. 그랬기에 계속해서 혼란이 야기되는 상황을 피할 수 없었다. 원칙이 흔들리면 현장엔 균열이 발생한다. 균열은 점점 더 큰 균열을 만들고 결국엔 무너지게 된다. 원칙과 사회적 합의를 지키는 과정이 지난하고 힘들지만 그래서 더욱 중요한 가치이다.

다만 이 와중에서도 우리가 잊지 말아야 하는 방향성이 있다. 온라인개학과 오프라인개학 모두 곧 시작하게 될 고교학점제와 자연스럽게 연동해야 한다. 고교학점제 이후 우리 미래교육과 학교 교육이 가야 할 지점은 교사와 학생이 1:1로 대면해서 이루어지는 학생 개인별 맞춤형 교육과정의 완성이다. 구체적 수업모델은 해당 교과에서 학생이 알고 싶거나 요구하는 수준의 내용이 교육과정이 된다는 사실이다. 과연 우리는 어떤 준비를 하고 있으며 무엇을 준비하고 있는가.

※ 학교가 지식전달의 장이었던 시대는 종말을 고했다. 더는 지식과 정보를 교실에서만 가능한 공유 세상이 아니다. 지식과 정보는 다양한 매체를 통해 다양한 공간에서 전수된다. 그렇다면 이제 학교는 어떤 역할을 담당하는가. 다양성을 학습하고 문화를 계승하며 타인과의 공존과 지속 가능한 사회의 조건을 공유하는 공간이 되어야 한다. 그렇다면 이제 교사는 어떤 역할을 담당해야 하는가. 교사는 상담자, 안내자, 촉진자로서의 역량을 길러야 하는 시대가 되었다.

학생선발에 담겨야 할
철학은 무엇인가

지난 2월 15일 전국의 대학입학처장협의회가 대입제도 공정성 강화 방안에 대한 대학의 입장을 발표했다. 발표 내용을 보면서 우리 사회는 학생선발에 어떤 철학을 공유하고 있는지 새삼 묻고 싶었다.

우리나라에서 학생선발권을 가진 일부 고교와 대부분 대학들은 어떤 철학을 가지고 학생을 선발하는가. '철학'이라는 거창한 용어까지는 필요 없겠다. 무슨 생각으로 학생을 선발하는가. 오로지 '점수' 높은 학생을 선발하는 것이 우리나라 대학들이 갖고 있는 철학일까. 그것도 소수점 셋째 자리까지 따져 가면서 말이다. 이것을 철학이라 말할 수는 있을까.

세계 최고의 대학이라고 일컫는 대학들은 어떤 철학으로 학생을 선발하는지 궁금하지 않은가.

이른바 세계 최고의 대학이라는 평가를 받고 있는 하버드, 예일, MIT 등 덩치가 큰 종합대학은 물론이고 윌리엄스, 미들버리, 포모나, 웨슬리 등

이른바 '리버럴아트칼리지'라고 일컫는 인문중심교양대학들조차도 이구동성으로 학생 선발에서 가장 중요한 철학적 가치로 '다양성(diversity)'을 말한다. 쉽게 말해 커뮤니티를 얼마나 다양한 구성원들로 만들어 줄 것인가이다. 어느 정도의 다양성을 확보해 줄 때, 학생들의 바람직한 성장에 도움이 되는가. 이 지점이 학생선발에 담겨야 하는 주된 철학이자 방향성이다.

더 쉽게 말하자면 교육공동체의 구성에서 최고의 다양성을 확보하기 위해 어떤 방식으로 해 줄 때, 학생들이 장래에 사회에 나가서 우리 사회의 다양한 구성원과 서로 이해하고 배려하며 공동의 선을 구축할 수 있을 것인가를 고민하는 선발방식이다. 말하자면 우리 사회에서 만날 수 있는 다양한 특성을 가진 구성원들로 교육공동체를 구성해 주는 것이 학생선발에 담겨야 하는 철학이자 대학의 책무라고 굳게 믿고 있다. 이 정도는 되어야 학생선발에도 철학이 담겨 있다고 평가할 수 있다.

우리의 모습은 어떤가. 학령인구의 급격한 감소로 대학들이 문을 닫고 있다. 이미 벚꽃 피는 순서대로 대학들이 폐교를 하고 있다는 말이 나올 정도로 심각한 상황이다. 그런데도 여전히 소수점까지 따져 가며 '성적'과 '점수'에 혈안이 되어, 이를 선점하기 위한 선발 경쟁에만 목을 매고 있다. 모집요강의 평가계획 관련 정보가 추상적이고 불명확하다는 국민들과 교육부의 지적에 대해 대학은 "합격자 평균 내신, 합격사례 등을 공개"하고 있다는 입장을 표명했다.

수험생 입장에서 생각해야 한다. 학생은 자신의 시험지와 답안지를 고사가 종료된 후에 일일이 확인할 수 있다. 지필고사 성적은 물론이고 수행평가 점수에 대해서 본인이 직접 확인하는 절차를 거친 후에 성적처리에 들어간다. 물론 성적 이의신청도 제도적으로 보장된다. 이런 과정을 통해 모든 정보가 투명하게 공개된다. 12년간 이 과정을 거친 학생이 특정한 전형에 지원했다가 불합격을 했다는 통보 외에 개인의 어떠한 구체적 정보도 제공되지 않을 때, 과연 학생과 학부모 그리고 지도교사가 전형 결과에 승복할 수 있겠는가. 대학들이 역지사지 할 수 있어야 한다. 입학 관련 정보는 투명하게 공개되는 것이 바람직하다. 시대의 흐름과도 부합한다. 너무 많은 정보를 공개하면 사교육에서 이를 활용하게 될지도 모른다는 식의 우려와 변명은 대학이 걱정할 일이 아니다.

선발과정에서 국민의 신뢰도를 높이기 위해 공공성 강화의 차원에서 "면접 등 평가과정 녹화 및 보존"을 요구하는 입장에 대해서도 대학 측은 "면접 평가과정의 녹화는 비용적, 기술적, 환경적 (여건으로) 실현 어려움"이라는 입장을 내놓았다.

"면접관과 피면접자 모두 녹화 장비를 의식하여 면접 자체에 부담을 가질 수 있어, 자연스러운 면접 분위기 조성 어려움"이라는 입장은 너무도 궁색한 변명이다.

그렇다면 이미 음악대학, 미술대학, 체육대학 입시에서 지금도 녹화를 통해 영상기록으로 남기는 것은 어떻게 설명할 수 있는가. 예체능계열 대학입시는 면접 부담이 없는가. 자연스러운 면접 분위기 조성이 어려워도 괜찮은가.

이것이 과연 학생선발을 책임지고 있는 입학처장들의 고민이 담긴 답변이라고 할 수 있는지 되묻고 싶다. 학생들이 지출하는 전형료 수입만 따져 봐도 성의 없고 터무니없는 답변이다. 비용적, 기술적, 환경적 여건으로 실현이 어렵다면 수험생들이 스스로 면접 장면을 녹음기록으로 남길 수 있도록 허용만 해 주면 간단하게 끝나는 일이다.

이젠 우리 사회도 학생선발에 철학이 필요한 시대로 진입했다. 선발에 매몰될 일이 아니다. 누가 더 잘 가르치고 있는지 교육에 나서야 할 때다. 선발을 위해 초중고 교육과정이 흔들려서도 안 된다. 학생선발은 대학이 고민할 일이지, 초중고교가 고민하거나 수고를 대신할 일이 아니다.

경쟁은 반드시 서열을 만든다. 서열은 다시 배제와 차별과 소외를 정당화한다. 이렇게 배제와 차별과 소외를 먹고 자라는 경쟁과 서열은 결국에 가서 혐오를 부추기고 당연시한다. 우리 사회의 혐오는 경쟁과 서열화로 인한 배제와 차별과 소외에서 발생했다. 그래서 경쟁을 야만이라고 비판하는 것이다. 이를 극복하지 못하는 한, 우리 사회는 모두가 극심한 고통에서 벗어날 수 없다.

※ 자연이 아름다운 이유는 다양한 빛깔을 가진 꽃들이 만발하기 때문

이다. 자연이 소멸하지 않는 가장 큰 이유 가운데 하나가 '다양성'이다. 종(種)의 다양성이 자연을 영원하게 만드는 동력이다. 마찬가지다. 학생선발에 담겨야 할 철학은 다양성을 확보하는 문제다. 함께 배우고 성장하는 교육공동체를 어떻게 만들어 줄 것인가 하는 문제는 중요하고도 큰 문제이다. 나와 다른 친구들이 내 스승임을 알아야 한다. 배움과 성장은 그 가운데서 일어난다.

포퓰리즘과 바이러스,
기본소득보장 제도와 대학 무상교육

　부모가 자식만큼은 굶주리지 않고 살길 바라며 소 팔고 땅 팔고 집까지 팔아 자식 교육에 헌신했다. 가난한 부모가 소를 팔아 등록금 대는 일이 많았기에 대학의 상아탑을 우골탑이라 불렀다. 이를 '포퓰리즘'이라 비난할 사람은 없을 것이다. 자식이 겪을 가난과 굶주림을 차마 눈 뜨고 볼 수 없기에 가정경제가 무너져도 그랬다. 마찬가지다. 국가는 국민의 생명을 보호해야 한다. 빚을 내서라도 보호해야 한다. 이를 두고 포퓰리즘이라 비난할 수 있는가.

　대다수 국민은 교육의 의무를 다한다. 국방의 의무도 성실하게 수행한다. 노동을 통해 근로 의무도 이행하며 국가 존속에 이바지한다. 소득에 대해선 국가에 꼬박꼬박 세금도 낸다. 생활용품이든 무엇을 구매해도 세금이 포함된다. 선량한 대다수 국민은 교육, 국방, 근로, 납세, 선거 등 국민의 의무를 성실히 이행하며 살아간다. 의무에 충실한 국민이 정당한 권리를 요구하는 것은 당연하다. 먹고 살기 힘드니 먹고 살 수 있게 해 달라는 요구는 삶을 영위하기 위한 국민의 권리이자 국가의 의무이다.

그런데 국가는 그 의무를 다하고 있는가. 가난과 질병으로 죽어 가는 이들을 보고 국가는 무엇을 해야 할까. 부모가 자식을 위해 빚을 내서라도 가르쳤듯 국민을 위해서라면 빚을 내서라도 인간다운 삶을 보장해야 한다. 그게 국가의 도리이다. 이를 두고 포퓰리즘 운운하는 것은 국가의 책무를 망각한 것이다. 포퓰리즘을 언급하는 자들의 내면엔 그들이 누리는 삶의 질을 모든 국민과 공유할 수 없다는 차별과 배제 그리고 특권의식이 자리하고 있음을 분명히 인식해야 한다. 자식을 위해 헌신함을 두고 포퓰리즘이라 비판하지 않듯, 국민을 위해 기본소득을 보장하는 것 역시 포퓰리즘이 될 수 없다.

대안은 무언가. 가장 열악한 계층부터 최소한의 기본소득을 보장해야 한다. 최저생계비 기준에 도달하지 못하는 국민에게 우선 기본소득을 보장해야 한다. 2020년 최저생계비는 1인 가구 기준 105만 4,316원이다. 소득이 전혀 없는 가구에는 기본소득에 해당하는 최저생계비 지원에 정부가 나서야 한다.

삶과 죽음의 경계에 서 있는 국민을 살리는 걸 두고 어찌 포퓰리즘이란 용어를 들먹이며 폄훼할 수 있는가. 가난과 굶주림, 질병으로 백척간두에 선 국민의 위기상황을 목격한 정부가 해야 할 일은 빚을 내서라도 국민을 먹여 살리는 일이다. 최소한의 삶을 보장해 주는 기본소득제도를 서둘러 도입해야 한다.

동시에 교육 기회만큼은 계층에 상관없이 보장되어야 한다. 부모의 경제력에 따라 교육 기회가 주어지는 사회는 위험하다. 그래서 대학교육까지 무상교육을 실현하는 것이 양극화 해소에 중요한 지점이다.

포퓰리즘 비난에는 혐오와 경멸의 시선이 담겨 있다. '나'와 '너'는 근본적으로 다르니 구별되어야 하고 살인적 경쟁과 그에 따른 서열화가 필요하다는 사고의 결과다. 인간 존엄이 사라지고 소외와 차별만이 일상화된 사회의 민낯이다. 과도한 경쟁 사회를 살아가는 구성원들 사이에 급속도로 퍼진 바이러스다. 굳이 영화 「기생충」을 말하지 않더라도, 견고하게 굳어진 계층 양극화가 소외와 차별을 당연시하는 지경에 이르렀다.

부모의 소득격차가 자녀의 교육격차를 만든다. 자녀의 교육격차는 다시 성인이 되는 자녀의 소득격차로 이어진다. 이런 악순환이 계층 이동을 가로막는 바이러스이다. 개천에서 용 나는 시대가 끝났다고 직감하는 기성세대의 탄식과 이번 생은 망했다며 '이생망'을 외치는 젊은 층의 자조적 탄식도, 우리에게 무거운 화두를 던진다.

경쟁은 서열을 먹고 자란다. 서열은 차별과 소외를 정당화한다. 그래서 경쟁은 지독하게도 야만스럽다. 이 야만의 바이러스를 치료하지 못하면 우리 삶은 빈곤하고 사회는 집단 우울증에서 벗어나기 어렵다.

※ 독일에는 "경쟁교육은 야만이다."라는 말이 있다. 철학자 아도르노가 한 말로 널리 알려졌다. 경쟁하지 않고도 고도의 사유 능력을 지닌 인

간으로 길러 낼 수 있다. 교육은 본디 그래야 한다. 사유하는 민주시민이라면 국가가 내게 무엇을 해야 하는지 당당하게 요구할 수 있다. 내가 국가를 위해 주어진 의무를 수행할 때, 그에 합당한 권리를 요구할 수 있어야 한다. 기본소득을 요구할 수 있고, 품격 있는 삶을 보장하라고 당당히 요구해야 한다. 그래야 건강한 사회이고 그 모습이 정상이다.

"시키는 대로만 했다."라며 억울해하는 이들에게 고함

한나 아렌트가 말한 '악의 평범함'이 아니더라도 악행은 생각 없이 사는 순간 평범한 일상으로 스며든다. "시키는 대로 했는데 정말 억울하다."라고 호소하는 사람들의 모습을 보며 많은 생각을 하게 된다. 정말 시키는 대로만 하고 살아가는 행위에는 아무런 책임을 물을 수 없을까. 그렇다면 윗사람이 시키는 행위는 언제나 절대적이고 선한 일인가. 옳은 일인지 그른 일인지조차 판단하지 않고 기계나 로봇처럼 일상에 매몰된 채, 생각 없이 지시에 따른 행위만 하며 살아간단 말인가.

아이히만은 독일 나치 친위대 장교였다. 강제수용소에서 그에게 희생된 유대인만 600만 명에 이른다. 독일 패망 후 그는 아르헨티나에서 이름도 바꾸고 가족과 숨어 지내다가 1960년 5월 이스라엘 비밀경찰에 체포됐다. 재판 끝에 사형을 선고받고 결국 형장에서 삶을 마감했다. 그가 재판정에 섰을 때, 모든 언론은 '인간의 얼굴을 한 악마'를 보기 위해 취재 경쟁을 벌였다. 그러나 그에게서 '괴물'을 기대했던 사람들은 실망했다. 그는 아내를 사랑하고 자식을 끔찍이 아끼는 평범한 사람이었다. 그를 추적 관찰한 철학자는 "그는 지극히 평범한 사람이었다. 그저 상부의 명령만을 따랐으므로 양심의 가책을 느끼지 못했다. 그는 일상생활에서 아주 근면했고 무능하지도 않았다. 다만, 자기가 무엇을 하고 있는지 깨닫지 못했다. 그가 엄청난 범죄자가 된 것은 순전히 성찰의 부재 때문이었다."라고 말했다. 생각 없는 삶은 이렇게 심각한 결과를 초래한다. 공직사회는 물론이고 공기업과 사기업, 학교를 가릴 것 없이 그 어떤 조직이든 내부의 부정과 비리를 지시에 따라 행동한다. 이를 비판하고 지적하며 혁신을 요구하는 사람들에게는 위해를 가하고 비난하며 따돌리는 행위를 서슴지 않고 있다. 더러는 침묵의 카르텔을 형성한다. 침묵으로 동조하는 그들에겐 과연 아무런 책임이 없을까. 침묵을 통한 동조에도 분명 책임이 존재한다. 결과적으로 자신이 속한 조직이 구설수에 오르내리고 명예가 땅에 떨어지며 와해되고 고통을 받는 순간 침묵의 동조에 대한 냉엄한 질책과 책임도 오롯이 요구되는 법이다. 침묵에 왜 아무런 책임이 없다고 생각하는가.

그렇다면 왜 이런 현상이 발생하는가. 고민이 깊어지는 지점이다. 어찌 보면 우리 교육이 갖고 있는 심각한 병폐를 고스란히 보여 주는 대목이다. 생각할 수 있는 힘을 길러 주지 못했다. 내가 지금 하고 있는 행위가 옳은 일인가 그른 일인가. 그것만이라도 제대로 가르쳤다면 그래서 비판정신을 지닌 채 살 수 있는 민주시민으로 성장할 수 있었다면. 온 천하에 갖가지 부정과 비리와 모순의 적폐들이 드러나고 있음에도 광장에 모여 태극기를 욕보이는 이들의 외침을 막을 수는 있었을 것이다. 국가권력이 도청과 사찰과 미행으로 점철되지는 않았을 것이다. 국정원의 직권남용과 초법적 발상과 행위가 저지될 수 있었을 것이다. 검찰이 정의를 바로 세우기 위해 부정한 세력과 온몸으로 맞섰을 것이다. 사법부가 검찰의 비리와 은폐를 냉혹하게 심판했더라면 온 국민이 추운 겨울 내내 촛불을 들고 권력을 엎어 버리기 위해 국민주권을 위임받은 통치자를 내쫓지 않아도 되었을 것이다. 깨어 있는 민주시민을 육성해야 함이 무엇보다 절실한 과제이자 우리의 희망이다. 그래서 교육혁신이 무엇보다 중요한 이유이다.

※ "모르는 것, 즉 '무지(無知)'는 용서할 수 있으나 무사유(無思惟), 즉 사유하지 않는 건 용서할 수 없다."라고 했던 한나 아렌트도. "민주주의의 최대의 적은 '약한 자아'이다."라고 했던 아도르노. 그는 '약한 자아'가 쉽게 굴종과 복종에 빠져든다고 했다. 우리는 옳고 그름을 비판적으로 사유하고 사유의 결과를 현실에서 더 나은 사회로 나아가기 위해 행동하는가.

3장

대입제도 혁신

대입제도 개선에 앞서
고려해야 할 몇 가지

교육 문제를 대입제도로 해결하겠다는 발상은 무모하다. 왜냐면 인간의 욕망을 이해하지 못했기 때문이다. 이 문제는 노동의 가치를 존중하는 사회가 되면 해결된다. 행복한 상상을 해 보자. 시간당 최저임금이 3만 원으로 인상되면 하루 8시간 노동의 대가는 24만 원이다. 주말 빼고 한 달 22일 일하면 월급이 528만 원이다. 이런 사회라면 대학 진학을 목표로 모두가 살인적인 경쟁에 뛰어들지는 않을 것이다.

우선 대학입시에서 학생부종합전형(학종)의 비교과 반영 폐지도 검토한다는 교육부 입장에 깊은 우려를 표한다. 자율활동, 동아리활동, 봉사활동, 진로활동 등 교과 외 다양한 활동의 교육적 순기능을 무시하는 것이기 때문이다. 구더기가 생길 수도 있으니 고추장, 된장은 만들지 않겠다는 것과 뭐가 다른가. 학교의 기능과 역할에 대한 고민도 필요하다. 학교는 사교육 기관이 아니다. 학교는 교과 지식만 잘 가르치면 되고 학생들은 성적만 좋으면 된다는 신호가 현장에 전달되어선 곤란하다. 공교육이 그래선 안 된다.

지난한 논의과정을 거쳐 현재의 학종 전형까지 발전해 온 사회적 합의의 역사를 부정해선 곤란하다. 문제가 되는 부분은 보완하면 된다. 예컨대 봉사활동 관련 부작용은 연간 요구하는 20시간을 기준으로 '이수' 혹은 '미이수'만 기록하면 된다. 학생들이 봉사활동 확인증명서를 제출하면 내용, 영역, 기간 등은 입력할 필요가 없다. 연간 누계 시간이 20시간 이상만 되면 '이수'라고 입력하고, 모자라면 '미이수'라고만 입력하면 된다. 이렇게 하면 부모의 사회경제적 지위가 작동하지 않는다. 나머지 영역도 마찬가지다. 문제가 되는 지점을 보완하면 된다.

어떤 대입전형을 선택해도 특정 계층과 지역의 이해를 대변할 수밖에 없다. 다만 가장 불공정한 전형을 제외하고 그나마 상대적으로 공정한 전형을 찾아 불공정한 면을 보완하고 발전시켜야 한다. 통계에 따르면 부모의 사회경제적 지위가 영향을 미치는 전형은 첫째가 '논술'이고, 둘째가 '수능'이다. 다음이 '학종'이고, 그나마 가장 적게 영향을 미치는 건 '학생부교과전형'이다. 올해 대입에서 학생부교과전형 선발 비율은 42%이다. 그런데 정작 서울권 주요 15개 대학의 학생부교과전형 선발 규모는 6%에 지나지 않는다. 설상가상으로 서울대, 연세대, 고려대는 3%에 불과하다. 그만큼 일반고 학생들에게 유리한 학생부교과전형 비율이 심각하게 축소됐다. 교육격차가 소득격차로 이어지는 악순환 고리를 끊어 내기 위해선 학생부교과전형 비율을 늘려야 한다. 아울러 기초생활수급 가정과 차상위 가정 등 소외계층 가정 자녀들을 위한 기회균형선발 비중도 늘리는 것이 바람직하다.

수능으로 선발하는 정시에 비해 학종이 공정하지 않다는 편견이 있다. 이는 사실과 다르다. 환산점수 0.01점 차로 떨어진다는 사실을 알게 되면 수능이 과연 공정하다고 인정할까. 기회와 과정의 공정함이 훼손되는 정도는 수능이 다른 전형보다 심각하다. 수능으로 선발하는 정시 전형이 얼마나 계층 이동의 통로를 막고 있는지 그 실상을 서울대학교 입학본부장이 공개했다. "(학종 도입 후 매년) 서울대 합격생을 배출하는 고교 수가 늘어나고 있다. 전국 800개교에서 실적을 냈다. (2017년 기준) 최근 3년간 합격생이 단 한 명도 없었던 일반고 중 90개 고교가 새롭게 합격생을 배출했다. 3년간 합격생이 단 한 명도 없었던 6개 군 지역에서도 합격생을 배출했다. 섬 지역에서도 2개교가 합격생을 배출했다. 수능 위주 정시 중심이었다면 이런 일들은 일어나기 힘들다.", "정시는 사교육과 재수에 부담 없는 교육 특구에서 실적을 내고 있다. 서울대 정시를 50%까지 확대하는 시뮬레이션을 돌려 보니, 오히려 실적을 내는 일반고가 전국에서 517개교 줄어들어 일반고에 불리한 결과가 나왔다."

더욱 마음에 걸리는 부분이 있다. 대입제도와 관련해 여론 형성에 다양한 채널로 의사를 표출하는 특정 계층과 달리 농어촌이나 지방 소도시 학부모들은 여론 형성에 참여하는 것조차 소외되어 있다. 그들의 목소리는 누가 대변하는가. 소외계층과 사회적 약자에 대한 배려가 그만큼 절실하다.

※ 인구 50만이 넘는 강남구에서 인구 1,000만이 넘는 4대 광역시(부산,

대구, 광주, 인천)에 거주하는 학생들보다 더 많은 학생이 서울대학교에 정시 수능시험으로 입학하고 있다는 사실을 보도했다. 강남구, 서초구, 송파구 대학진학률은 30%~40%대 고등학교가 많다. 국회에 제출한 자료에 의하면 수능 응시자 기준 재학생 대비 재수생 비율 전국 1위는 서울 강남구 74.3%, 서초구 68.1%(2014. 8. 교육부의 국회 박홍근 의원실 제출 자료) 전국 대학 진학률은 70%를 웃돈다. 이 통계수치가 무엇을 의미하는가. 과연 기회가 공정한가. 이름만 대면 알 만한 학교들에서 수능시험에 여러 차례 응시하는 재수생, 삼수생 등 졸업생 비율이 엄청나다. 대다수 학생은 사실상 가정 형편으로 재수, 삼수 기회도 어렵다. 누군가에겐 두 번, 세 번씩 기회를 주고, 다른 누군가에겐 단 한 번의 기회만 허락한다. 공정한가. 값비싼 인프라를 갖춘 사교육 시스템에서 수능점수를 올리기 위해 집중하는 학생과 ebs 인터넷강의에 의지해 공부하는 학생의 경쟁이 과연 공정한가. 수시는 공정한가. 자신이 왜 떨어졌는지 그 이유조차 알 수 없다. 투명하게 정보를 공개해야 한다. 수시와 정시 모두 공정한 입시가 되도록 문제를 개선해야 한다.

공정교육론

2028학년도 대입제도 개편을 위한
5가지 선행조건

　　2025년이면 고교학점제가 전면 도입된다. 2028학년도 대학입시는 고교학점제가 도입되고 치르는 첫 대학입시가 된다. 2025년 고1이 되는 대상은 2019년 현재 초등학교 4학년에 재학 중인 학생들이다. 대입 사전 예고제가 4년으로 확정됐으니 늦어도 2023년 이 아이들이 중학교 2학년일 때는 4년 후 2028학년도 대입 선발 전형에 대한 구체적 안을 제시해야 한다. 그렇다면 우리에게 주어진 시간은 4년이다. 유은혜 장관의 교육부가 11월 14일 이후 학생부종합전형(이하 '학종')을 포함한 대입체제 개편 방향과 고교서열화 해소 문제를, 어떤 절차와 과정을 밟으면서 해결할 것인가 대책을 발표하겠다고 했다. 고교학점제가 전면 도입되는 2025년이면 지금부터 5년 시간이 주어진 셈이다. 그 기간 교육부와 국가교육회의가 감당해야 할 일들이 산적해 있다. 국가교육위원회 설치에 관한 법률안이 국회를 통과하기 전인 현 단계에서부터 교육부와 국가교육회의는 무엇을 준비해야 하는가?

　　첫째, 교육과정 개편이다.

둘째, 고교서열화를 해소하는 것이다.

셋째, 내신과 수능을 절대평가로 전환하는 것이다.

넷째, 대입체제를 개편하는 것이다.

다섯째, 선발의 공정성과 신뢰성을 확보하는 것이다.

이렇게 다섯 가지 문제로 집약된다. 하나씩 구체적 방법론과 실천적 대안을 제시해 본다.

첫째, 교육과정 개편 문제다. 현재의 '2015 교육과정'으로는 고교학점제를 정상적으로 운용할 수 없다. 그래서 교육과정 개편이 불가피하다. 교육과정 연구와 개발 그리고 고시와 교과서 집필까지를 염두에 둔 장기로드맵이 필요하다. 시간이 충분하지 않다. 고교학점제가 도입되면 교과목별 성취기준만 제시하는 방안도 전면 검토할 필요가 있다. 성취기준도 학생들의 학습량을 검토하여 대폭 줄이는 것이 바람직하다. 성취기준만을 제시하는 경우, 교육과정 운영권과 교재편성권은 전적으로 담당 교사에게 부여된다. 단위학교의 교과 회의에서는 성취기준에 부합하는 교재나 학습자료를 자유롭게 편성하고 활용할 수 있도록 지원하는 시스템을 구축해야 한다. 이러한 흐름은 교과서 자유발행 시스템으로 진입하는 계기가 될 것이다.

둘째, 고교서열화 해소 문제다. 2024년까지 남은 5년 동안 일반고를 중심으로 하는 고교체제개편을 완료해야 한다. 영재학교와 과학고는 「영재교육진흥법」 시행령과 「초·중등교육법」 시행령 개정을 통해 위탁 교육 기관으로 운영하면 된다. 영재학교와 과학고는 일반고 재학생을 대상으로 선발하여 위탁 교육 방식으로 전환하는 방식으로 문제를 해결할 수 있다. 전국단위 자사고와 광역단위 자사고, 외국어고, 국제고 등은 시행령 개정으로 일반고 전환이 가능하다. 현재 재판에 계류 중인 자사고 폐지 관련 법정 공방도 2021년 이전까지 종지부를 찍게 되어 있다. 대법원까지 법리적 다툼이 계속되는 동안 시행령 삭제 혹은 개정을 통한 일반고로의 일괄 전환이 현실적으로 어려운 상황이라면 연차적인 재지정 평가를 통해 일반고 전환 정책을 유지해야 한다. 이런 방법을 통해 고교서열화 문제를 최소화할 수밖에 없다. 어쨌거나 고교서열화 문제는 시간이 걸리더라도 사회적 합의를 통해 일반고 중심으로 개편해야 한다.

셋째, 내신과 수능의 절대평가 전환 문제다. 평가방식을 상대평가에서 절대평가로 전환하는 것은 대단히 상징적 의미인 동시에 우리 교육의 철학적 기조를 바꾸는 중요한 계기로 작용할 것이다. 상대평가 시스템에서 내 옆자리의 친구는 '경쟁'과 '배제', '차별'과 '소외'의 대상이었다. 친구는 짓밟고 넘어서야 하는 대상으로 인식된 지 오래다. 이제는 과감하게 비교육적 현상이 지배하던 교육철학에서 벗어나야 한다. 절대평가 전환은 '협력'과 '배려', '공정'과 '정의'의 교육철학을 교육공동체에 구현하기 위한 실질적 조치가 될 것이다. 절대평가 전환과 관련해 제기되는 허구적 논리들을 이제는 극복해야 한다. 내신이 절대평가로 전환되면 집값이 오른다거나 대학들이 본고사를 치르게 된다는 식의 허구적 논리를 가차 없이 논박하여 그 허구성을 드러나게 해야 한다.

넷째, 대입체제를 개편하는 문제다. 고교학점제 아래에서 학생선발은 학교생활기록부(이하 학생부)만으로 이루어져야 한다. 자소서와 추천서를 폐지하는 것은 그래서 당연하다. 학생부만으로 학생을 선발하는 것은 2025년 고교학점제 전면 도입 이후 첫 대학입시에서 변화된 지점이 될 것이다. 학생부전형은 학생부교과전형과 학생부종합전형의 두 트랙으로 운영하면 된다. 재학생은 학생부교과전형과 학생부종합전형으로만 진학할 수 있도록 유도함이 바람직하다. 수능은 졸업생 이상을 대상으로 운영하는 방법도 고려해 볼 만하다. 재학생들과 학부모 그리고 교사들에게 수능시험을 덜어 주기만 해도 엄청난 부담을 경감시켜 주는 효과가 당장에 나타날 것이다. 동시에 가계 사교육비 지출 억제 효과도 엄청날 것이다. 이때 학생부교과전형과 학생부종합전형은 서류평가와 면접평가 방식을 통해 선발하게 될 것이다.

다섯째, 선발 공정성과 신뢰성을 어떻게 확보할 것인가의 문제다. 고등학교에 재학 중인 학생과 학부모에겐 '수능시험'의 부담을 덜어 주는 것만도 엄청난 고통을 줄여 주는 효과가 있다. 내신 절대평가 환경에서 학생부교과전형과 학생부종합전형으로 학생을 선발하라는 것은 대학의 자율성과 책무성을 동시에 요구하는 상황이다.

그렇게 되면 대학은 서류평가와 면접평가를 거치도록 입학전형을 설계할 것이다. 1단계 서류평가는, 학생부교과전형의 경우, 정량적 평가를 통해 1단계 합격자를 선발하면 된다. 학생부종합전형의 경우는, 교과와 비교과를 종합해서, 정성적 평가로 1단계 합격자를 선발한다. 두 전형 모두

2단계 면접 평가는, '수능'을 배제한 상태에서, 학생부에 기재된 내용에 국한하여 수험생과 토론할 수 있다는 대원칙을 준수해야 한다. 여기서 중요한 것은 면접 장면에서는 영상이든 음성이든 모든 과정을 기록으로 남겨 둬야 한다. 그래서 결과에 승복하지 못하는 학생이나 학부모가 공식적인 통로를 통해 이의를 제기하면 전형결과에 대한 최소한의 정보를 제공하도록 해야 한다. 그런 절차를 거쳤음에도 역시 결과에 승복하지 못하고 이의를 제기하는 경우에는 공신력 있고 객관적인 제3의 평가위원회에서 독립적으로 해당 학생의 평가 결과를 검증할 수 있는 기구와 장치를 마련해야 한다.

아울러 대학도 학생선발권의 자율성을 최대한 보장받는 대신에 대학이 지녀야 할 책무성도 깊이 자각해야 한다. 학생선발의 책무성이란 점수 1점, 2점 높은 학생을 선발하기 위해 매몰된 채, 애쓰는 것보다 대학이라는 교육공동체를 구성할 때, 어떤 철학을 기본으로 구성해야 하는가를 고민해야 한다는 것이다. 그 교육공동체 안에서 학생들은 나와 서로 다른 점을 배우며 성장할 수 있다고 하는 '동료효과(Peer-effect)'를 염두에 두어야 한다. 대학의 학생선발에는 이러한 철학이 담겨 있어야 한다. 말하자면 어떤 공동체를 만들어 줄 때, 학생들의 성장이 극대화될 것인가, 대학을 졸업하고 우리 사회의 기성세대가 되었을 때, 나와 다른 계층과 환경 그리고 문화를 지닌 사람들을 이해하고 배려할 수 있을 것인가를 고민하는 학생선발의 철학이라면 더 바랄 것이 없겠다.

● 학종 비공정성 요소 타파⋯ "교사 수업시수, 학급당 학생 수 줄여야"

위 다섯 가지는 장기적 관점에서의 대책이다. 단기적으로는 학생부종합전형이 지닌 공정하지 못한 요소를 어떻게 보완하고 발전시킬 것인지 깊이 있게 살펴봐야 한다. 우선 모든 학생에게 두루 입력의 혜택이 돌아가고 있는가의 문제부터 살펴봐야 한다.

그렇다면 현실적인 제약 조건을 살펴보고 모든 교과목 담당 교사가 개인별 세부능력 및 특기 사항을 입력하도록 만들기 위해서는 고등학교 기준 교사의 수업시수를 주당 12시간 이하로 법제화해야 하면서 그에 상응하는 시간을 학생상담과 개인별 맞춤형 지도에 집중할 수 있는 시간, 수업 연구를 위한 시간 확보 등을 위해 학급당 학생 수를 20명 이하로 줄여야 하는 상황이 동시에 충족되어야만 해결할 수 있는 문제이다.

이 외에도 전형 설계 과정에서 복수의 평가자와 단계별 전형의 원칙을 준수하고 있는지, 공식적인 이의제기 절차를 마련하고 있는지, 고교등급제와 같은 비교육적 요소가 평가에 반영되고 있는 건 아닌지 등등의 문제도 깊이 있게 점검하고 우선 해결해야 한다. 이 모든 정책 제안보다 앞서야 하는 가치는 바로 '사회적 신뢰'라는 소중한 자본이다.

※ 교육 문제 해결의 핵심은 노동 존중 사회 구현이다. 노동의 대가를 존중하고 고졸자와 대졸자 간의 임금 격차가 없다면 과연 누가 대학 진학

에 모든 것을 쏟겠는가. 공부가 정말 좋아서 대학에 진학하는 경우를 제외하고 누가 군이 진학에 목을 맬 것인가. 고등학교만 졸업해도 존엄한 인격체로 대우받고 품격 있는 삶이 보장된다면 누가 진학에 매몰되겠는가. 그러나 이는 중·장기적 과제에 해당한다. 단기 처방과 장기 처방, 아울러 동시에 진행해야 하는 과제도 있을 것이다. 한 발이라도 전진이 가능한 방법을 치열하게 고민하고 찾아내야 한다. 문제 해결을 위해 작은 발걸음이라도 한 발씩 내디뎌야 한다. 어떤 것도 못하기보다는 한 발짝이라도 전진하는 길이라면 그 길을 가야 한다.

갈등과 논란 끊이지 않는 입시제도, 해결방안도 있다

—대입제도와 관련한 논란과 합의점 도출 방안

학생부종합전형 중심의 수시 전형을 '금수저 전형' 내지 '깜깜이 전형'이라고 비판한다. 수능 중심의 정시 전형 확대에 대해서는 현장의 교사들과 교육학자들 가운데 상당수가 미래 사회가 요구하는 인재를 양성하기에 적합하지 않은 선발방식이라며 평가절하하고 있다.

합의된 지점은 존재하지 않는가? 그렇지 않다. 수시 중심의 선발방식이 2015 교육과정에 부합하며 성적만으로 줄 세우는 것보다는 나름대로 의미 있는 선발방식이라는 점에는 공감하고 있다는 사실에 주목해야 한다. 다만 수능 중심의 정시 확대를 주장하는 분들의 핵심 논리는 학종을 위시한 수시 전형이 투명하지 않고 공정하지 못하기 때문에 그 결과에 승복하기 어렵다는 점이다. 수시 전형 투명성을 확보하는 것이 문제 해결의 핵심임을 망각해서는 안 된다.

그렇다면 향후 논의의 핵심은 수시 전형의 투명성을 어떻게 확보할 것이며, 대학은 정보공개 절차와 내용 그리고 범위를 어떻게 마련할 것인가

공정교육론

로 나아가야 한다. 수시 전형이 미래사회에서 요구하는 인재를 양성하기에 적합한 방식이라는 점에는 공감하지만, 공정성과 신뢰성이 심각하게 훼손되었으므로 다시 수능 중심의 정시 확대로 가야 한다는 주장은 문제해결의 단서를 엉뚱한 곳에서 찾는 격이다. 문제의 본질을 회피하고 있는 셈이다.

서울의 한 대학에서 개최됐던 컨퍼런스에 토론자로 참여했을 때도 언급했지만, 대학입시를 주관하는 담당자들과 입시정책을 마련하는 교육부와 국가교육회의에서도 왜 이토록 수험생들과 학부모들 그리고 입시 관계자들이 수시 전형에 대한 공정성과 신뢰성을 지속적으로 문제 삼고 있는지에 대한 근본적 이해와 성찰이 필요하다.

현재의 교육환경을 돌아볼 필요가 있다. 이미 오래전부터 중·고등학교에서는 중간고사나 기말고사가 종료될 때마다 학생 본인이 작성해 제출한 객관식과 서술형 답안지 그리고 평가자의 채점 결과를 확인할 수 있도록 절차를 마련하여 투명하게 공개한다. 프로그램이 마련되지 않은 학교에서는 직접 대면 방식을 통해서라도 학생이 작성한 답안과 채점에 대한 정보를 투명하고 신속하게 공개하고 있다. 이는 지필평가 외에 수행평가에서도 동일한 과정을 거치고 있다.

현장의 학생과 학부모 그리고 교사는 이런 절차에 따라 학생이나 학부모가 제기하는 성적 이의신청을 받아들이고 그에 따라 정당한 답변을 통해 마음으로 승복할 수 있는 정당한 절차를 마련하고 있다. 이런 환경에서 배우고 성장한 학생과 이들을 헌신적으로 뒷바라지해 온 학부모나 현장의 교사들에게 학생부종합전형은 그야말로 깜깜이 전형에 해당한다. 물론 일부 대학에서는 이와 유사한 이의제기 절차를 마련하고 일부나마 제한된 정보를 공개하고 있다. 하지만 초중고교에서 투명하게 공개하는 정보에 비하면 부족하기 짝이 없는 것도 냉엄한 현실이다.

대학이 완전한 정보공개를 할 수 있도록 지휘 감독하는 것이 교육부의 역할이다. 개정된 2015 교육과정과 바람직한 미래의 입시제도가 담아내야 할 철학과 방향성에 대한 진지한 논의와 여론 수렴이 국가교육회의의 역할이다. 부디 문제의 본질을 피해서 가거나 외면해서는 안 될 것이다. 아울러 교육부는 정시 전형으로 대학에 합격하는 사례와 수시 중심으로 합격한 사례의 지역별, 계층별 다양한 통계수치를 투명하게 공개해야 한다. 이런 과정만 거치더라도 바람직하고 공정한 입시제도가 무엇인지 여실하게 드러날 것이다.

많은 대학에도 그간의 종단연구를 통해 많은 통계수치가 누적되어 있다. 과연 수능 중심으로 학생을 선발할 때, 지역별, 계층별 합격률 등이 수시 전형으로 선발할 때와 어떻게 같고 다른지가 여실하게 드러날 것이다. 최근 들어 일부 언론에서 보도하고 있는 통계 수치들이 갖는 함의가 자못 크다. 이와 같은 통계수치를 공유하는 것에서부터 올바른 여론이 형성될 것이다. 교육부와 국가교육회의가 명심해야 할 사안이기에 다시 한번 강조하고 싶다.

공정교육론

※ 초중고 12년간 우리 아이들이 성장하는 교육환경과 그들이 치르는 입시가 서로 통할 수 있는 관계인지 살펴봐야 한다. 중고교를 거치며 수행평가와 각종 평가에 대해 본인이 일일이 확인하는 절차를 거친다. 본인의 확인 절차를 거쳐야만 성적처리 단계로 나아갈 수 있다. 그런 환경에서 성장한 학습자가 대입 시험에선 막혀 버린다. 그 어떠한 개인 정보도 확인할 길이 없다. 떨어졌는데, 자신의 평가 결과를 알 수 없다. 얼마나 폭력적인가. 정보공개를 통해 투명하게 공개하고 학습자와 학부모, 교사가 수긍하고 동의해야 한다. 그것이 공정한 입시다.

수능 개편안 백지화,
이번이 교육개혁의 기회다

—지엽적 대책의 단기 처방 아닌, 전면적 개혁 필요
현 중3들 과중한 학업부담도 해결해야

　말도 많고 탈도 많았던 수능 개편안이 전면 백지화됐다. 1안과 2안 모두 국민적 공감대를 얻지 못한 채 첨예한 대립과 갈등만 드러냈다. 하지만 공통된 견해와 공감대를 이룬 부분도 분명 존재했다. 학교 교육도 이젠 지나친 경쟁과 점수로 서열화가 이루어진 환경에서 벗어나야 한다는 지적에 많은 국민이 공감하고 동의했다. 다만 절대평가 도입의 속도 문제가 존재할 뿐이었다. 극도의 혼란을 겪고 있지만, 어찌 보면 차라리 잘된 일이다. 이참에 단편적이고 지엽적 대책을 통한 단기 처방이 아닌 포괄적이며 전면적 교육개혁에 나서야 한다.

　가장 시급한 문제는 2015 개정교육과정을 어떻게 평가할 것인가부터 차근차근 점검해야 한다. 현재의 교육과정이 학생 중심 교육과정이라고 하지만 과연 그러한가. 토론과 발표 위주의 수업방식도 중요하다. 하지만 그보다 더 고민해야 하는 것은 교육과정일 수밖에 없다. 여전히 교육과정에서 요구하는 성취기준과 학습목표는 지극히 이론적이고 실제 삶과 동떨어진 지식전달에 머무르는 경우가 허다하다. 예컨대 노동의 가치가 중시되는 사회를 살아가는 미래세대에게 우리는 과연 어느 정도 삶과 노동에 대해 토론하고 발표할 수 있는 성취기준을 제시하고 학습목표를 설정했는지 되묻지 않을 수 없다. 이를 해결하기 위한 실제적 교육과정이 필요하다.

거창하게 언급할 필요도 없다. 현재 노동 현장에서 중고생은 물론이고 대학생들까지를 포함한 청년들이 아르바이트는 물론이고 단기간 계약직 노동자로 근무하는 현실이다. 그런데도 하다못해 근로계약서 작성법이나 자신이 받아야 할 시간당 최저임금이 얼마이고, 어느 정도의 소득이 보장되어야만 인간으로서의 품위를 유지하며 생존할 수 있는지, 과연 적정한 수준은 어느 정도인지 등에 대한 내용조차 교과서에서 다루지 못하고 있는 것이 우리가 당면해 있는 참담한 현실이다.

교과서에서 담아내야 할 수많은 성취기준을 점검하지 않을 수 없다. 노동의 가치, 근로계약서, 시간당 최저임금, 공익제보, 국민의 권리와 의무, 남북의 평화적 통일, 헌법정신 등등의 실질적 가치를 교육과정에 포함하기 위한 성취기준의 혁신을 시도해야 한다.

● 학교 내신과 수능시험, 절대평가로 전환해야

학교는 경쟁을 완화하여 학생 스스로 친구들과 협력하고 배려하며 학교생활의 즐거움과 기쁨을 통해 성장할 수 있도록 해야 한다. 이를 달성하기 위해서는 학교 내신과 수능시험을 절대평가로 전환해야 한다. 그것이 2015 개정 교육과정에서 요구하는 성취평가제의 지향점과도 일치한다. 학교 내신과 수능시험이 일정 수준 이상에 도달하면 최고점을 부여할 수 있는 성취평가제가 서둘러 도입되어야 한다. 그래야 각자의 관심과 재능에 따라 의미 있는 교육과정이 운영될 수 있고 그 효과 또한 긍정적인 결과로 나타날 것이다.

당면한 문제는 현재 중학교 3학년에 재학 중인 학생들의 과중한 학업부담이다. 당장 내년부터 개정된 교육과정이 적용된다. 그럼에도 학교 내신과 수능시험 모두 상대평가를 적용받게 되는 현실만으로도 학생과 학부모에겐 엄청난 스트레스가 될 것이다. 원칙대로라면 내년인 2018학년도부터 고교 내신을 절대평가로 바꾸고, 그들이 고3이 되어 치르게 될 2021학년도 수능시험도 역시 절대평가로 전환했어야 한다. 그러나 현실은 그렇지 못하다.

사전 3년 예고제에 따라 운영되어야 하는 특성상, 현재 중3 학생들은 학교 내신도 상대평가 시스템에서 생활해야 한다. 수능시험도 기존과 같이 영어와 한국사만 절대평가로 치르게 된다. 나머지 과목들은 모두 상대평가 시스템으로 수능시험을 응시해야 한다. 또한 2015교육과정 개편으로 새롭게 공부하게 된 공통사회와 공통과학 등 신설 교과가 생겨난 까닭에 학습량은 더욱 늘어날 수밖에 없다. 새롭게 개정된 교육과정과 어긋나는 평가방식을 따라가야 하는 이중 고통에 노출된 상황이다. 이 부분을 어떻게 개선할 것인지에 대한 논의도 시급한 상황이다.

● 학생부종합전형, 평가 주체 구분해 공정성-투명성 담보해야

학생부종합전형도 대폭 손질이 불가피하다. 많은 국민들이 가장 우려하는 부분은 공정성과 투명성이다. 학생부종합전형에 대한 신뢰도를 쌓아가기 위한 노력과 공감대 확산도 필요하다. 이를 위해 3년 예고제에 따른 투명한 정보공개와 혁신이 필요하다. 대학은 사전 예고제에 준하여 모집단위별 서류전형과 면접전형의 학생평가기준을 세밀하게 공개해야 한다. 이는 학생부종합전형의 투명성과 공정성을 높이기 위한 조치이다.

실제 학생선발과정에서는 1단계 서류전형과 2단계 면접전형의 평가 주체를 명확하게 구분할 필요가 있다. 학생선발과정을 이원화하여 서류전형은 철저하게 전문입학사정관들이 독립적으로 평가에 책임지도록 해야 한다. 1단계 서류평가 과정에서는 모집단위 교수들을 배제해야 한다. 그리고 2단계 면접전형에서는 해당 모집단위 교수들이 책임지고 평가하도록 유도해야 한다. 1단계 서류전형과 2단계 면접전형을 명확하게 구분하여 독립적으로 실시하도록 함으로써 전문입학사정관과 해당 모집단위 교수들이 학생선발 전 과정에서 두루 영향력을 행사할 수 없도록 차단하고 견제하는 공정성 확보 절차도 필요하다.

교육부는 입학전형이 종료된 후에 모든 대학이 정보공개를 실시하도록 지도하고 감독해야 한다. 학생부종합전형을 포함한 모든 전형의 입시 결과 공개에 적극 나서도록 교육부가 서둘러 법제화해야 한다. 모집단위별로 최종합격자를 대상으로 합격생 커트라인을 공개하는 것은 물론이고 수험생이 당락에 이의를 제기할 경우에는 해당 수험생의 세부 평가내역까지 공개할 수 있도록 제도적 보완책 마련이 시급하다. 아울러 수능시험의 활용방법에 대한 장기적 고민과 대책 마련도 필요하다. 학생부종합전형이 자리를 잡기까지는 수능시험을 존치시키면서 학생부종합전형으로 대학입학시험에서 실패한 재수생들이 다시 도전할 수 있는 전형으로 기능할 수 있도록 자리매김할 필요가 있다.

교육문제의 본질은 품격 있는 삶의 가능여부에 달렸다. 얼마 전 학생들에게 시간당 최저임금이 3만 원이 된다면 어떤 변화가 예상되느냐는 질문에 대다수 학생들이 잠시 계산을 해 보더니 하루 8시간만 일해도 한 달이면 500만 원 이상의 소득이 보장된다는 사실을 알아채곤 대학에 진학하지 않겠다고 한다. 선진국 대학진학률이 높지 않은 이유도 굳이 대학을 졸업하지 않아도 인간으로서 품위 있는 삶을 유지할 수 있기 때문일 것이다. 오히려 노동 강도가 셀수록 임금 체계가 높은 나라도 여럿이다. 그렇다면 굳이 대학에 갈 필요가 없지 않겠는가.

결국 학교 교육정상화의 가장 빠른 길은 노동에 대한 정당한 대가를 인정해야 하고 사회와 국가가 기본소득 보장과 인간으로서의 존엄과 품위를 보장하는 최소한의 복지를 뒷받침해야 하는 문제 등이 해결되지 않고 교육제도만 혁신해서 해결될 성질이 아니다. 이것이 포괄적 교육개혁의 핵심이다.

공정교육론

※ 꼬인 실타래를 풀기 위해선 실마리, 즉 단서를 찾아야 한다. 씨줄과 날줄이 한 폭의 비단을 빚어내듯 꼬인 실타래를 풀 때도 날줄과 씨줄의 엉킴을 잘 헤아려야 한다. 단서가 되는 실마리를 통해 매듭을 풀고 천천히 방향을 잡아 가야 한다.

수능을 왜 고치려 하는지부터
이해하세요

―점수로 줄 세우기가 가장 공정하다고 믿는 이들에게

　공교육 정상화보다 더 중요한 것이 수능시험의 변별력을 확보하는 것인가. 3년 뒤부터 실시하게 될 수능시험을 전 과목 절대평가로 전환할 경우, 학생선발이 어렵다는 논리로 교육과정과 입시제도 개혁안이 무너져도 괜찮다는 것인가. 올해 중학교 3학년 학생들이 앞으로 3년 후인 2020년 11월에 치르게 될 2021학년도 수능시험의 변별력 때문에 교육계뿐만 아니고 온 나라가 시끌벅적하다.

　방향보단 속도가 중요했던 산업화 시대에는 삶의 질보다 양이 중시됐다. 당시엔 교육환경도 학습자 개개인의 특성과 사정을 배려할 수 없었다. 한 교실에 60명 이상을 구겨 넣고 정해진 교육과정을 공장 기계 돌리듯 했다. 그래도 나름 통하던 세대가 이젠 기성세대가 됐다. 필자를 포함한 그들이 부모 세대가 되었다. 학력고사와 수능시험을 거친 부모 세대는 점수로 학생들을 줄 세우는 평가방식이 가장 객관적이라 믿는 경향이 강하다.

하지만 21세기 첨단 지식정보화 시대에 살면서 융합과 통섭을 넘나드는 시대에서 요구하는 창의적 인재는 그렇게 길러질 수 없다. 그래서 교육과정이 거듭 개편되며 현재에 이르렀다. 학생중심의 발표와 토론 위주의 수업이 강조되는 배경이기도 하다. 또한 학생평가의 관점도 많이 달라졌다. 성적만 우수한 학생이 과연 뛰어난 인재라고 평가할 수 있는가. 그렇지 않다는 인식이 보편적으로 확산되었다. 수능점수는 대인관계역량, 인성역량, 창의역량 등등 무수히 많은 역량 가운데 하나의 지표에 지나지 않는다. 이런 점을 도외시하고 오로지 수능점수로 선발하는 것이 가장 무난하다는 인식은 다시 70년대, 80년대 산업화 시대로 회귀하자는 논리로 귀결된다.

● 수능 개편안, 왜 나오게 됐나

수능시험이 갖는 폐단을 해결하고 학교 교육을 정상화하기 위해 두 가지 안이 제시된 상황이다. 1안은 국어와 수학 교과 등을 비롯해 일부 교과는 상대평가를 그대로 유지한 채, 나머지 교과에 한해 절대평가를 도입하겠다는 내용이다. 반면 2안은 현재 절대평가로 치러지는 영어와 한국사 외에 나머지 모든 교과도 3년 후부터는 절대평가로 전환하겠다는 내용이다. 정말 중요한 것은 이런 개편안이 왜 나오게 되었는지에 대한 깊은 성찰이다. 이 부분에 대한 이해가 전제되지 않은 주장은 공허하고 빈약한 결론에 이른다. 내년부터 적용되는 2015 개정교육과정의 내용이 새로운 수업과 평가방식을 요구하기 때문이다. 성취도를 중심으로 정해진 목표에 도달한다면 모두가 높은 평가를 받을 수 있는 시스템이다. 그래야 친구가 경쟁자가 아니라 협력을 위한 동반자이고 협동과 배려의 대상이 된다.

'경쟁'과 '배제'와 '특권'이 아닌 '협력'과 '배려'와 '정의'가 미래 사회에서 요구하는 창의적 역량을 길러내는 데 핵심 가치가 되고 있기 때문에 교육과정을 개편했고, 대학입시 제도를 혁신하는 것이다. 문제는 점진적이고 단계적으로 적용해 나가며 문제점이나 부작용이 없는지 조심스럽게 접근하는 것이 바람직하다는 대단히 형식적인 논리에만 매몰된 채, 정작 교육과정과 입시제도 개편의 취지와 철학을 훼손하고 있다는 사실이다. 3년 후부터 수능시험을 절대평가로 전환하겠다는 개편안은 대단히 점진적이고 단계적인 공론화 과정과 여론 수렴 과정을 거쳐 도출된 안이었다는 점을 잊어선 안 된다. 다시 한번 강조하지만, 내년부터 2015 개정교육과정이 새롭게 적용된다. 새로운 교육과정에 맞추어 설계된 것이 내신 절대평가이고 수능시험 전 과목 절대평가로의 전환이다. 올해와 내년 그리고 내후년까지는 현재와 같이 상대평가 시스템이 적용된다. 내후년까지는 영어와 한국사 과목만 절대평가로 진행된다. 3년이 경과한 후부터 영어와 한국사에 국한된 절대평가 과목을 전 과목으로 점진적으로 확대하겠다는 것이다.

그런데 이 취지와 철학을 망각한 채 국어, 수학 교과를 상대평가로 남겨둔다면, 과연 내년부터 새롭게 적용되는 교육과정이 학교 현장에 뿌리내릴 수 있을까. 더 큰 혼란만 초래할 것이 분명하다. 국가의 교육과정과 입시제도를 결정하기 위해 다양한 요소를 고려해야 하는 것은 당연하다. 그러나 "수능 변별력 때문에 학생선발이 어렵다."라는 이유로 국가 교육과정과 입시제도의 개혁안이 후퇴해서는 안 될 것이다.

변별력에 대한 고민은 학생을 선발해야 하는 대학 입학처가 고민할 일이다. 차제에 대학 측도 생각을 바꿔야 한다. 학생선발의 기준도 점수로 줄 세우는 방식에서 벗어나야 한다. '성적(점수)'은 학생의 다양한 역량 가운데 지극히 일부를 보여 주는 지표에 지나지 않는다. 인성역량과 대인관계역량 그리고 창의성과 배려심 등의 역량은 수능점수로 산출되지 않는다. 이제는 대학도 '선발경쟁'에 매몰될 것이 아니라 선발한 학생들을 어떻게 잘 가르칠 것인가 하는 '교육경쟁'에 적극 나서야 한다. 아울러 학령인구 감소 절벽에 대처할 수 있는 지혜와 전략 마련이 필요한 시점이다. 급격한 학령인구 감소로 폐교하게 될 대학들이 곳곳에 널려 있다. 과연 어떤 인재가 미래 사회에서 요구하는 인재인지 정밀한 연구와 성찰을 바탕으로 학생선발에 임해야 한다. 오직 수능 점수 높은 학생만 선발하겠다는 안이한 생각으로는 희망이 없다. 폐교 여부를 고민해야만 하는 상황에 직면하게 될 것임을 자각하지 않는 대학은 자연스럽게 도태될 것이다.

교육부도 교육계 안팎의 다양한 여론을 경청하는 것도 물론 중요하다. 하지만 본질적인 것은 교육과정과 입시제도의 불일치 문제를 어떻게 해소할 것인가에 대해 더욱 치열하게 고민해야 한다. 이번 기회를 놓치면 다시 회복하기 위해 엄청난 예산과 혼란이 소요된다는 점을 명심하고 부디 현명한 판단하기를 간곡하게 요청한다.

※ 우리는 가끔 본질을 놓치고 현상에 집착한다. 공교육 정상화라는 시대적 화두가 '평가' 문제에 매몰되는 경우를 곧잘 목격한다. 학교 교육을 정상적 모습으로 바꿔 내야 하지만 입시제도 앞에만 서면 무기력해진다. 그 이유는 본질을 망각하기 때문이다. 평가의 방식이 본질인 교육의 핵심을 왜곡해선 안 된다. 평가와 선발에 매몰된 나머지 우리가 지켜야 할 소중한 가치를 잃어버린 채, 교육이 이토록 망가지는 모습을 보며 속수무책이었다. 역대 모든 정부가 그랬다. 교육 대통령을 간절하게 기다린다.

정시 확대, 정책 판단 기준은
'교육'인가 '지지율'인가

부모의 소득격차가 자녀의 교육격차로 대물림되고 있다. 자녀의 교육격차는 다시 어른으로 성장한 후에 소득격차로 이어진다. 계급과 특권 대물림이 악순환의 고리를 끊어내지 못한 채, 점점 고착화하고 있다. 그 한가운데에 학력 간 임금 격차가 존재한다. 노동의 가치를 존중하지 않는 사회·문화적 흐름이 존재하는 한, 교육문제 해결을 기대하긴 어렵다. 그래서 교육개혁이 곧 사회개혁이다.

우리는 법과 제도 그리고 사회적 합의를 통해 우리 사회의 약자에 대한 배려에 나서야 한다. 대입제도 개선도 그 방안으로 효율적인 방법이 될 수 있다. 기초생활수급 가정과 차상위계층 가정 자녀 등 경제적 배려 대상 가정 자녀들의 교육격차와 소득격차 해소를 위해 정부가 어떤 목소리를 내고 있는지 주의 깊게 살펴볼 필요가 있다.

정시 선발 비율을 높이는 것이 교육 불평등 문제를 해결하는 방향인가. 아니면 현재의 교육격차를 더욱 확대하는 방향인가. 수능 비중을 늘리면 그 혜택은 누구에게 돌아가는가. 당연히 수능 준비가 잘 되는 지역의 학생과 학부모들이 가장 유리할 수밖에 없다. 어떤 지역이 수능 준비에 최적화된 지역인가. 정답은 쉽고 간단하다. 서울에서는 강남구, 서초구를 중심으로 하는 사교육 밀집 지역이다. 대구에 가면 수성구가 있다. 부산에는 해운대구가 자리를 잡고 있다. 광주에는 봉선동이 있다. 정부가 이들 지역의 집값을 올려 주는 대입 정책을 공공연하게 대변하는 모습을 보면 절망감이 앞서고 힘이 빠진다.

그렇다면 수능 시험은 과연 공정한가. 수능 시험 체제에서 EBS 인터넷 수능 강좌로 공부했던 수많은 지방의 학생과 학교에선 왜 그토록 희망하는 서울대학교 합격생을 10년이 넘도록 단 1명도 배출하지 못했단 말인가. 수능이 그렇게 공정하다면 말이다. 수시 학생부종합전형의 비율을 높이자 서울대학교 합격생을 배출한 전국의 고등학교 숫자가 어떻게 달라졌는지 주목해야 한다. 수능 정시에서는 500개 미만의 고교에서 학종 도입 이후 900여 개 고교로 확대된 것은 무엇을 의미하는가. 정시 확대를 주장하는 이들은 이 질문에 답변할 수 있어야 한다. 지금도 농어촌이나 도서 산간벽지 등 열악한 환경에서 학교 수업과 EBS 인터넷 강의로 최선의 노력을 다하고 있는 학생들을 위해선 누가 목소리를 내는가. 누가 그들의 미래를 위해 응원하고 있는가.

기회균형선발과 지역균형선발은 물론이고 학생부교과전형의 비중을 늘리라고 서울과 수도권 주요 대학과 계속 협의를 해도 모자랄 판에 수능 중심의 정시 전형 비율을 늘려 달라고 협조를 구했다는 교육부 보도자료에 기가 찰 노릇이다. 그것이 정부가 할 말인가. 이러고도 사회적 약자를 배려하는 정부라고 자임할 수 있는가. 서울 소재 주요 대학의 학생부교과전형 비중은 불과 6%에 지나지 않는다. 서울대, 연세대, 서강대, 성균관대 등은 학생부교과전형 선발인원이 아예 단 1명도 존재하지 않는다. 이런 대학을 대상으로 학생부교과전형 선발 비율을 더 늘려 달라고 협조를 구하는 것이 국가의 도리일 것이다. 물론 어떤 대입전형을 선택해도 특정 계층의 이익을 대변할 수밖에 없다. 그것은 정부로서도 어쩔 수 없다. 하지만 최소한 '국가'는 사회적 약자를 더 배려하고 거짓과 숨김없이 진실해야 한다. 교육적 관점에서 판단하고 국가의 중대사를 결정할 때는 먼 미래까지 내다보고 설사 현재 여론의 지지를 받지 못하더라도 교육적인 관점에서 필요하다면, 그 방향이 옳다면, 국민을 더 적극적으로 설득하고 함께 극복해야 한다. 문제가 있다면 솔직하게 말할 수 있어야 한다. 그것이 국가의 책무이자 주인인 국민에 대한 도리이다.

 그러나 문재인 대통령과 정부는 공론화위원회에서 수능 비중을 30% 수준으로 유지할 수 있도록 권고한다는 결정을 손바닥 뒤집듯이 번복했다. 수능 정시 비중을 최소 40% 이상으로 확대할 것이라는 기존과 다른 입장과 로드맵을 밝혔다. 대통령 말 한마디로 대입 정책의 기조 자체가 흔들리고 있다. 교육적 관점에서 고뇌하고 치열한 토론 끝에 도출된 결론이라면 차라리 억장이 무너지진 않을 것이다. 오로지 여론지형과 지지율이 교육정책 결정의 잣대가 된다면 교육은 버티지 못한 채 그대로 무너지고 만다. 공교육을 어렵사리 소생시키고 있는 현장 교사들이 절규하는 소리가 들리지 않는가. 학생들이 학교를 왜 다녀야 하는지 모르겠다며 고통스럽다고 신음하는 소리는 들리지 않는가. 학부모들이 이 나라에서 더는 참기 어렵다는 외침이 들리지 않는단 말인가. 이 모든 절규와 신음과 외침이 수능 정시만 확대하면 해결될 수 있는 문제인가. 이렇게 중차대한 교육개혁의 문제를 청와대와 교육부가 지지율과 여론 그리고 선거를 의식하며 결정한다는 것은 후세에 씻지 못할 죄를 짓는 일임을 잊어선 안 될 것이다.

오늘도 어김없이 지친 어깨로 자정을 훌쩍 넘겨 집으로 돌아가고 있을 아이들, 학기 내내 아이들과 씨름하다 학기가 끝날 무렵이면 어김없이 번-아웃 되어 탈진한 채, 병원에 입원할 만큼 소진되는 현장의 선생님들, 나보단 더 좋은 세상에서 사람답게 살기를 바라는 마음 하나로 자식 교육에 헌신하는 부모님들. 지금, 여기, 이들의 행복만 생각한다면 교육이 어디를 향해야 하는지 진정 모른단 말인가. 다시금 비참한 우리 교육의 실상을 정직하게 돌아봤으면 좋겠다. 정시 확대 주장은 참된 교육적 가치를 존중한 결정인가. 아니면 현재의 지지율과 여론에 따른 정무적 판단이었는가.

※ 교육의 본질에 다가서는 일은 참으로 고통스럽다. 무엇이 올바른 방향인지 알지만 다양한 현실적 제약이 앞을 가로막는다. 점수로 줄 세우는 것이 올바른 선발 방식이 아니라는 사실에는 동의하나 선발의 투명성과 공정성을 확보하기 어렵다는 이유로 정시 확대를 주장한다. 구더기 무서워 장 못 담그는 격이다. 마찬가지다. 제대로 관리하여 공정성과 투명

공정교육론

성을 높이는 방향에서 일을 처리해야지 바른길이 아닌데 여론에 편승해서 사사로운 결정을 내린다면 공적 영역의 질서가 어찌 존중되겠는가. 학생부종합전형(학종)에 문제가 있다면 그 문제를 회피하지 말고 개선하고 혁신해야 한다. 온 국민이 이쯤이면 됐다고 할 정도 투명성과 공정성을 높이기 위한 정보공개에 나서야 한다. 누구라도 동의할 수 있는 이의제기 절차와 승복하는 문화를 만들어야 한다.

학생부종합전형 아래
교사는 '갑', 학생은 '볼모'라니

—수능 확대 논리가 무시한 교육의 진실

　최근 정부의 수능 확대 정책에 이어 수능을 확대해야 한다는 일부 주장의 논거를 살펴보면 수능에 대한 미신이 심각한 수준에 이르렀다. 이에 수능 정시의 실상을 분석하며 이야기하려고 한다.

　수능이 더 공정하다? 수능시험이 공정하다는 평가를 받기 위해선 전제가 필요하다. 전국의 모든 수험생에게 일체의 사교육을 법으로 금지한 상황에서, 오직 EBS 인터넷 수능특강으로만 공부한 상태로 수능시험을 치르게 한다면 그것은 말 그대로 공정한 평가이다. 그러나 한 과목에 월 1,000만 원짜리 족집게 개인 지도를 받는 학생과 지방 농어촌 소도시에서 오로지 인터넷 특강만으로 3년간 공부한 학생의 수능점수를 과연 공정하다고 할 수 있는가. 그런데도 똑같은 날짜에, 똑같은 문제를 가지고, 똑같은 난이도로, 똑같이 주어진 시간에 평가했으니 공정한 시험이라는 말에 동의할 수 있는가. 부모의 경제력이 많이 뒷받침됐으나 어차피 시험장에 가서 시험을 치른 건 부모가 아니라 학생 본인이니 공정한 결과라는 말에 동의하겠는가.

교육격차 해소에 도움이 된다? 특정 지역의 학생에겐 단 1회의 수능시험 응시 기회만 준다. 그런데 다른 지역 학생에겐 재수, 삼수, 혹은 그 이상 N수의 기회를 준다. 그렇다면 이 시험을 공정하다고 할 수 있는가. 대한민국 국민이면 누구나 '학교알리미'라는 사이트에 접속할 수 있다. 학교 이름만 검색하면 그 안에는 '상세정보'가 있다. '상세정보'를 검색하면 '졸업생의 진로 현황'이 나온다. 4년제 대학진학률이 공개되어 있다. 올해 기준 전국 고등학교의 4년제 대학진학률 평균은 77%였다.

강남구, 서초구, 송파구 소재 고등학교 상황은 어떤가. 올해를 기준으로 서초고(서초구/32%), 영동고(강남구/33%), 휘문고(강남구/35%), 언남고(서초구/35%), 경기고(강남구/36%), 청담고(강남구/38%), 상문고(서초구/41%), 서울고(서초구/41%), 현대고(강남구/45%), 숙명여고(강남구/46%), 세화고(서초구/48%) 등 공립과 사립을 막론하고 30% 초반에서 40% 후반까지 분포되어 있다.

무슨 말인가. 나머지 비율만큼이 재수, 삼수 등 N수를 선택한다. 두 번, 세 번, 혹은 그 이상의 기회가 제공된다면 모든 학생에게 기회가 공평했다고 할 수 있는가. 수능시험이야말로 교육격차를 더욱 심화하고 불평등 교육을 조장하는 대입전형이다. 이런 사실을 외면하고 정부가 앞장서 수능 확대를 결정하고 있으니 안타깝고 한심할 따름이다. 차라리 학생부교과전형, 기회균형선발과 지역균형선발을 대폭 확대하는 것이 국가가 할 일이다.

수능도 공교육에 도움이 된다? 사교육 출신 인사들이 말한다. 정시를 늘린다고 왜, 어째서 학교 교육이 붕괴하겠냐고. EBS 문제집 대신에 교과서를 가지고 수능 수업하면 되지 않느냐고. 학교 현장과 현실을 몰라도 이렇게 모를 수 있단 말인가. 수능점수를 올려 주려면 수능과 유사한 실전 문제로 공부를 해야 점수가 오른다. 교과서로 공부해서 어느 세월에 수능 유형에 익숙해지겠는가. 학생도 학부모도 바라지 않는다.

현재 적용되는 2015 교육과정은 창의·융합형 인재 양성을 목표로 삼고 있다. 그래서 수업방식도 교사의 일방적, 주입식 교육이 아니라 학생이 주도적으로 공부하도록 유도한다. 자료를 공부하고 정리해서 발표도 하고, 자기 생각과 다른 친구들과 토론도 하고 모둠별 프로젝트 학습도 하도록 유도한다. 진로교육과 한 학기 한 권 읽기 등의 독서 활동도 해야 한다. 과연 수능 중심의 정시 확대가 이런 교육과정과 일치하는가.

● 학종 아래서는 교사가 갑이고 학생들은 '볼모'?

어떻게 교사와 학생의 관계를 이렇게 파악한단 말인가. 아무리 교육이 무너졌다 해도 이래선 안 된다. '볼모'라는 말은 약속을 지키는 것에 대한 담보가 되어 상대편에게 억류된 사람을 일컫는다. 우리 사회가 아무리 삭막해졌다고 해도 어떻게 학생과 교사의 관계를 스승과 제자의 관계로 볼 수 없을망정 계약 관계로 봐야 한단 말인가. 참담한 심정이다.

● 여론 지지율이 높으니 수능이 대세?

여론 지지율은 수능이 높은 것이 분명하다. 그렇다면 왜 그런 결과가 나왔는지 살펴봐야 한다. 이 질문은 학교의 기능과 역할에 대한 사회적 합의와 관련이 깊다. 쉽게 말해, 우리 사회가 학교에 기대하는 점은 무엇인가. 공부만 잘하는 사람으로 키우면 그것으로 학교는 제 역할을 다했다고 믿는가. 만일 그렇다면 지식만 잘 전달하면 된다. 우리 사회가 요구하는 인재는 공부만 잘하면 자격 조건을 갖추게 된다. '사람됨'이나 '인성', 공동체에 대한 헌신과 배려, 희생 등은 우리 사회가 요구하지 말아야 한다. 그럼 공교육과 사교육은 무엇이 달라야 하는가. 수능시험에 잘 대비하도록 높은 점수를 획득하는 방법만 잘 가르쳐 주면 그것으로 학교의 역할에 만족하겠는가. '삶'을 말하지 않고 매일 기계처럼 반복해서 문제 풀이 기술만 가르치면 학교는 그 역할을 제대로 수행했다고 평가할 수 있겠는가.

살아가며 누군가 타인의 아픔에 공감하고, 부정한 일에 대해서는 비판할 줄 알고, 침해당한 자신의 권리를 회복하기 위해 맞서서 당당하게 요구할 수 있는 자존감을 길러 주고, 타인과의 갈등을 조정하고 화해할 수 있으며, 타인과 원활한 관계 맺음에 대해 가르쳐 주어야 하는 기관이 학교 아닌가. 어찌 보면 인생을 살아갈 때는 그러한 역량을 길러 주는 학교여야 하지 않겠는가. 학교가 미래세대 아이들을 위해 힘을 쏟아부어야 하는 지점은 정답을 골라내는 문제 풀이 방법이 아니라 이렇듯 '삶'을 가르쳐야 하지 않겠는가. 함께 고민이 필요한 지점이다.

※ '삶'을 위한 교육을 받았는가. 기성세대가 돌아볼 일이다. 우리 아이들도 마찬가지다. 살아가며 겪게 될 많은 문제를 해결하기 위한 힘을 길러 주고 있는가. 아이들이 학교에서 살아가는 삶이 민주주의에 대한 배움이자 성장이어야 한다. '삶'을 위한 교육은 먼 곳에 있지 않다. 실제 삶이 곧 교육이고 교과서일 때, 배움과 성장이 일어난다.

학생부종합전형의 공정성,
신뢰도 확보 대안은?

　문재인 정부 교육 분야 지지율은 30%(한국갤럽, 2019년 8/20~22)에 불과하다. 그 이유가 무엇인지 국민은 잘 알고 있다. 이번 대입 개편 지시만 봐도 그렇다. 정권 초기 지지율이 80%에 이를 정도였다. 정부 출범 초기에 대선 공약과 교육 관련 국정 100대 과제조차 제대로 시행하질 못했다. 교육 공약을 지키겠다는 의지를 전혀 확인할 수 없었다. 후퇴와 퇴보만을 일삼았다. 수능시험을 절대평가로 전환하고 수능 비중을 축소하겠다는 공약이 거꾸로 수능 40% 확대라는 현실로 돌아왔다.

　수능 비중을 확대할 때, 가장 큰 이익을 보게 되는 강남구, 서초구, 송파구, 양천구, 대구시 수성구 등 사교육 환경이 잘 갖춰진 지역만 배려한 정책적 판단이었다. 정작 배려하고 보살펴야 하는 취약계층이 어디인지조차 망각한 결정이었다. 고교서열화를 해소하겠다고 약속했던 정부가 책임을 시도교육감들에게 떠넘겼다. 게다가 자사고 재지정 평가를 통해 자사고 지위를 취소시킨 상산고를 교육부가 앞장서 회생시켰다. 탄핵당한 박근혜 정부에서 진보 교육감들을 탄압하기 위해 만든 '부동의'라는 절차를 그대로 수용하면서 자사고마저 회생시켜 줬다.

대학입시 체제를 개편하기 위해서는 함께 고려해야 할 요소가 많다. 우선은 왜 대학입시 체제를 개편해야 하는가에 대한 공감대가 형성되어야 한다. 수능시험으로 대학을 가게 되면 초·중·고교 교육이 수능 문제 풀이 중심의 교육과정으로 운영된다. 수능이 일종의 블랙홀이 된다. 모든 것을 다 흡수해 버린다. 수능시험에서 선택하지 않는 교과목은 정상적 수업이 불가능하다. 음악, 미술, 체육, 철학, 한문, 사회 교과와 과학 교과에서 자신이 선택하지 않은 수업 시간엔 어떤 모습이 펼쳐질까. 잠자는 교실, 교실 붕괴만 가속화된다. 또 수능시험을 위한 공부가 우리 아이들이 살아갈 미래 사회에 어떤 도움을 줄 수 있는가 하는 문제이다. EBS 문제집을 교재로 삼아 온종일 다섯 가지 답지 가운데 정답만을 찾아내는 기술을 익히는 공부가 우리 아이들이 살아갈 세상에서 어떤 도움을 줄 수 있는가. 대학에서 전공을 공부하는 데, 사회인이 되어 직장생활을 하는 데 과연 어떤 도움을 줄 수 있는 공부 방식일까. 그래서 우리는 수능시험을 축소하고 정성평가의 시대에 들어가기로 사회적 합의를 이뤘다. 그래서 수시 제도가 도입됐다. 수시 제도 가운데 사회적 약자가 가장 많이 합격하는 전형은 학생부교과전형이다. 쉽게 말해 내신성적이 우수한 학생들만 정량적으로 선발하는 전형이다. 그다음이 학생부종합전형이다.

부모의 사회·경제적 지위가 가장 큰 영향을 미치는 전형이 바로 수능시험과 논술시험이다. 그래서 수능시험과 논술시험을 축소 또는 폐지하려고 하는 것이다. 학생부교과전형을 대폭 늘리는 것은 사회적 합의가 비교적 쉽다. 반면 학생부종합전형은 공정성과 신뢰도에 문제가 많다는 인식이 강하다. 그렇다면 공정성과 신뢰도를 높이기 위한 대책 마련이 시급하다. 유은혜 부총리 겸 교육부 장관이 최근 대입 체제 개편은 정시 확대를 의미하는 것이 아니라고 분명하게 선을 그었다. 옳고 바른 방향이다. 학생부종합전형의 공정성과 신뢰도를 확보하기 위한 대안을 제시한다.

첫째, 복수의 평가자와 단계별 전형 설계의 원칙을 지키고 있는지 교육부가 철저히 관리해야 한다. 고교 교육 정상화 기여 대학 지원사업비는 이런 사항을 잘 지키고 있는가를 기준으로 지원해야 한다. 두 명 이상의 평가자를 두는 이유는 한 사람의 주관적 평가 결과를 배제하고 두 사람 이상의 평가 결과가 일치할 때만 공정한 평가 결과라는 점을 인정하기 위한 장치라고 보면 된다.

둘째, 공식 이의제기 절차가 마련되어야 한다. 현재 우리 아이들은 초등학교 6년, 중학교 3년, 고등학교 3년 등 총 12년간 자신의 평가와 기록을 직접 확인하고 이의가 있는 경우에는 본인이 작성한 답안지까지 확인하며 세부 사항까지 확인 절차를 거친 후에 성적처리에 들어간다. 이런 환경에서 성장한 학생과 학부모, 교사들에게 불합격한 경우, 이유를 물어도 어떠한 정보도 제공하지 않는다. 사정이 이렇다 보니 '깜깜이' 전형이란 비판을 면하기 어렵다.

셋째, 정보공개 관련 법률과 시행령을 통해 대학의 책무성을 강화해야 한다. 고교유형별, 계층별, 지역별 등 세부 기준에 따라 정보공개를 유도해야 한다. 예컨대, 영재학교-과학고-전국단위자사고-광역단위자사고-외국어고-국제고-일반고 등의 고교유형별 기준에 따라 대학별 합격생 비율을 공개하도록 법제화해야 한다. 또 기초생활수급자, 차상위계층, 차차상위계층 학생의 비율을 공개해야 한다. 마찬가지로 시군구별 비율도 공개해야 한다. 그렇게 되면 서울에서도 강남구, 서초구, 송파구, 금천구, 구로구 학생들의 비율을 공개함으로써 지역별 편차를 확인하는 동시에 어느 지역에 교육재정을 집중적으로 투입해야 하는지 알 수 있는 기초자료로 활용할 수 있다.

넷째, 입시 비리와 관련한 특권층의 부정이나 특혜 등은 엄단 처벌해야 한다. 우리 사회에서 계층이동의 유일한 통로인 입시에서 부정과 비리가 횡행한다면 그야말로 참담한 사회로 전락하게 된다. 그래서 특권층의 부정 입학은 가중 처벌해야 하고, 엄정하게 처벌을 해야만 사회의 건강성이 보장된다는 신념 아래 입시부정에 대해서만큼은 혹독하리만큼 강력하게 처벌해야 한다는 사실에 공감할 수 있어야 한다. 이런 해결책보다 더 근원적인 해결책은 교육 외적인 접근이다. 말하자면 대한민국의 국민으로 태어나 교육의무, 국방의무, 근로의무, 납세의무, 선거 의무를 제대로 수행한다면 의무만 요구할 것이 아니다. 국가는 국민이 마땅하게 누려야 하는 권리 또한 분명하게 보장해야 한다. 누구나 아프면 무상으로 치료와 치유를 받아야 한다. 그것이 국민이 마땅히 요구할 수 있는 권리에 해당한다. 그래서 학생들은 이렇게 요구한다.

"하루 8시간 무슨 일을 하고, 어떤 아르바이트를 해도 한 달 최소 500만

원 이상 급여를 받을 수 있다면 대학에 가지 않겠다."

아이들의 발언에 주목해야 한다. 말하자면 교육 문제는 교육 내적으로만 해결할 수 없다. 왜 대학입시가 이렇게 첨예한 갈등을 빚고 있는가. 욕망의 뿌리와 닿아 있기 때문이다. 좋은 대학을 나와야 좋은 처우를 받는다는 비합리적 신념 때문이다. 품격 있는 삶을 살려면 좋은 대학을 나와야 한다는 생각이 핵심이다. 그렇다면 품격 있는 삶을 보장하면 대학에 진학할 이유도 필요도 없다는 결론에 이르게 된다. 그러니 교육 문제 해결을 위해서는 시간당 최저임금을 1만 원 이상으로 인상하는 것부터 시작해야 한다.

※ 문제의 본질에 정면으로 맞서야 한다. 그래야 한 발짝이라도 나갈 수 있다. 회피해선 안 된다. 의지와 결단과 그리고 집행력이 필요하다.

4장

고교서열화 해소

고교서열화 해소가
교육개혁의 시작

서열화가 내포할 수밖에 없는 근원적 한계는 '다양성'의 기준을 인정하지 않는다는 사실이다. 왜냐하면 현재 우리나라에서 고교와 대학의 서열화는 단 하나의 가치인 '성적'과 '점수'에 의해 작동하기 때문이다. 말하자면 '선발 경쟁'에서 이미 서열이 결정되고 있다. 누가 더 잘 가르치고 훌륭한 교육적 성장의 의미를 발견하고 있는가 하는 '교육경쟁'을 통해 결정되는 서열화가 아니라는 점에서 문제의 심각성이 드러난다. '성적'과 '점수'라는 하나의 기준으로 선발을 하다 보니 공고한 서열화가 현실 문제로 대두될 수밖에 없었다.

한 개인을 평가하는 기준은 다양할 수밖에 없다. 체력, 성품, 학업역량, 창의적 사고능력, 대인관계 능력, 감성적 사고능력, 공감 능력 등 여러 기준이 모여 한 개인의 종합적 역량이 마련된다.

그런데 현재의 서열화는 상당 부분 '학업역량'에 따라 결정되고 있다. 사정이 이러하다 보니, 인간이 갖추어야 할 다양한 요소 가운데 대부분을 놓치고, 오로지 점수로 서열화하고 있는 현재의 입시 체제가 갖는 한계는 명확해진다. 서열화가 지니는 폐해 가운데 하나는 서열화의 기준이 타당한가에 대한 검토가 생략된 채, 진행됐다는 점이다. 서열화가 추동하는 이념적 가치는 '경쟁'의 원리다. '경쟁'의 원리가 필요한 분야도 분명 존재할 것으로 믿는다. 그러나 '경쟁'이 과연 '교육'에서도 바람직한가는 별개 문제다.

지금까지의 교육정책이 갖는 한계이자 폐단은 바로 바람직한 교육철학이 교육 현장에 작동하도록 세심한 주의를 기울이지 못했다는 점이다. 말하자면 교육공동체를 작동하는 '경쟁'의 원리가 청소년들의 삶과 학교 현장을 어떻게 변화시켰는가에 대한 성찰이 대단히 부족했다는 점을 인정하지 않을 수 없다. 고교체제 개편과 관련된 선행 연구에서도 '경쟁교육' 내지는 '교육 불평등'과 관련해 다양한 문제 제기가 이루어졌음은 많은 성과물을 통해 확인할 수 있다.

교육은 다음 세대를 구성하는 개인들을 가르치고 성장시키는 역할을 담당한다는 점에서 매우 조심스럽고 신중해야 한다. 교육 현장에 작동하는 철학적 가치가 '경쟁'에 있다면 그로 인해 야기되는 현실은 경쟁에서 살아남는 학생만이 성취감을 느끼게 되는 구조가 반복될 수밖에 없다. 예컨대, 현재와 같은 상대평가 시스템에서는 1등급에서 9등급까지의 학생들 가운데, 1등급에 해당하는 4% 이내에 드는 학생들만 제한된 성취감을 느낄 수밖에 없다. 그렇다면 96% 절대다수를 차지하는 학생들은 1등급에 해당하는 4% 안에 들기 위해 나를 제외한 다른 친구들과 치열한 경쟁을 한다. 친구들과 경쟁을 통해 그들을 이겨 내야만 하는 현실 앞에 서게 된다.

　그런데 정작 심각한 문제는 4% 이내에 들었다고 과연 성취감과 만족감을 느낄 수 있는가에 대한 부분이다. 4% 이내에 들었다고 하더라도 역시 철저하게 서열화된 고교와 대학 체제에서는 다시 또 경쟁과 서열화를 피할 수 없다. 고등학교의 경우에는 영재고, 과학고, 자사고, 외고, 국제고, 일반고 등으로 서열화가 이루어지고 있다. 대학도 이와 별반 다르지 않다. 1등급 4% 이내에 들었다고 해서 모두가 희망하는 대학에 진학할 수는 없다. 그 안에서도 속칭 공고하게 서열화된 대학과 학과로 다시 줄을 서야 하는 것이 우리 아이들이 처한 현실이다. 사정이 이러하니 '친구'는 나와 경쟁하는 대상이 된다. 그 경쟁에서 이겨 내야만 친구보다 내가 더 좋은 등급을 얻게 되는 것이 냉엄한 현실이다. 이러한 상황에서는 미래 사회가 요구하는 비판적 사고역량, 창의적 사고역량이나 타인과의 협업역량, 타인과의 갈등을 조정하는 능력 등이 극대화될 수 없다. 학교 교육은 사회적 통합과 융화의 장이 되어야 한다.

　그렇다면 우리 교육이 지녀야 하는 바람직한 교육철학은 무엇이 자리를 잡고 있어야 하는가에 대한 논의로 자연스럽게 진행돼야 한다. 고교체제 개편과 관련된 선행 연구에서도 '경쟁교육' 내지는 '교육 불평등'과 관련해 다양한 문제 제기가 이루어졌음은 많은 성과물을 통해 확인할 수 있다.

"우리의 현장 학교 교육은 입시와 시험 위주의 경쟁 중심으로 진행된다. 경쟁교육에서는 인격도야와 사회 정의, 공동선과 같은 교육 본연의 원리와 목적을 실현할 수 없으며, 대신 명문대 합격을 위한 점수와 성적 위주의 형태가 지배적이다. 그런 경쟁 과정에서는 갖가지 교육적 편법과 탈법 및 비인격화와 교육 양극화 등이 일상으로 나타난다. 최근 경쟁교육은 경제적 효율성을 지향하는 시장주의 사고에 의해 더욱 강화되는 추세를 보인다."

(정용교·백승대, 「경쟁교육의 실태와 문제점 및 대안」, 『사회과교육연구』 제18권 제2호, 91쪽.)

흔히 공교육이라 일컫는 학교 교육의 방향성과 지향점을 정확하게 지적하고 있다. 고등학교 체제 개편이라는 중심 논쟁에서도 학교 교육은 사회적 통합과 융화의 장이어야 한다는 주장은 그간의 고교체제 개편 관련 논쟁에서도 놓치고 있었던 지점이다.

'경쟁'은 자연스럽게 '서열'을 만들었다. '서열'은 '분리'와 '배제'를 먹고 자란다. 물론 '경쟁'이 무조건 나쁜 건 아니다. 다만 경쟁에도 바람직한 경쟁이 있고, 해악을 끼치는 경쟁이 있다. '경쟁'이 불가피하다면 가능한 한 선의의 경쟁을 유도하고 가르쳐야 한다. 그것이 어른이 취해야 하는 자세일 것이다. 소중한 우리 아이들이 지금도 살려 달라고 신음하며 절규하는 목소리에 이제는 귀를 기울여야 한다. 그 첫출발은 공고한 고교서열화를 해소하는 것이다. 그런 다음 절대평가로 전환해서 친구가 경쟁자가 아니라 고단한 길을 함께 걷는 동반자라는 사실을 인식하도록 가르쳐야 한다.

※ 무한경쟁을 강요하는 것은 영혼을 갉아먹는 지름길이다. 각자도생만 남고 협력과 배려와 공동체의 가치는 소멸할 따름이다. 미래 우리의 청소년들이 어떤 가치관과 철학을 바탕으로 살아갈지에 대한 고민이 필요하다.

자사고 '멘붕' 빠뜨린
서울행정법원의 명쾌한 판결

[자사고의 일반고 전환에 찬성하는 이유 ①]
선발 경쟁이 낳은 폐해

자사고 정책 유지 여부를 판가름하는 핵심은 학생선발권에 있다. 자사고 입장은 일반고보다 성적이 우수한 학생들을 먼저 뽑을 수 있다는 이유로 자사고 정책을 절대 포기하지 않겠다는 것이다. 학생선발권이 없다면 누구도 자사고를 고집하지 않는다. 사실 학생선발권은 자사고에만 국한된 문제가 아니다. 영재학교, 과학예술영재학교, 과학고, 자사고(전국단위), 자사고(광역단위), 외고, 국제고, 일반고 등 이렇듯 서열화된 고교체제는 학생선발권으로 구축된다. 그렇다면 학생선발권에 대한 사법부의 판단은 어떨까. 이에 대해선 2018년 10월 19일 서울행정법원 행정4부 조미연 부장판사의 자사고 지원자의 일반고 이중지원 금지취소소송의 판결문(2018구합66135)에서 분명하게 밝히고 있다. 이 판결은 향후 자사고 관련 법적 소송과 분쟁에 커다란 시금석이 될 수밖에 없다. 자사고 관련 핵심 언급만 살펴보면 다음과 같다.

- "자사고가 국·공립학교에 우선해 학생을 선발할 권리는 헌법상 보장
  되는 사학의 자유가 아니다."

- "자사고로 전환하는 데 우선 선발권이 주된 요소로 고려되긴 했지만,
  사립학교는 공교육을 보완하는 만큼, 자사고 측은 학생 우선선발권이
  그대로 유지될 수 없음을 예측할 수 있어야 한다."
- "지원자가 줄어들어 재정에 영향을 미칠 수는 있지만, 헌법상 사학의
  자유에 지원자 보장을 요구할 수 있는 권리까지 포함되어 있지 않다."
- "고교 입시경쟁 완화라는 시행령 목적과 공익이 자사고가 받을 불이
  익보다 크다."

판결 내용은 우리 사회에 명확한 메시지를 던졌다. 자사고의 학생선발
권은 헌법에 보장된 사학 자율성의 범주를 넘어서는 일탈 행위라는 것이
다. 아울러 사립학교의 역할은 공교육을 보완하기 위한 측면에서 운영
해야 한다고 정리했다. 또 자사고의 경쟁률 하락에 따른 재정 문제는 자
사고가 스스로 고교 유형을 결정한 것이므로 그 책임도 감당해야 한다
고 판시했다. 자사고의 경쟁률 하락에 따른 내용을 판결문에 담았을 정
도로 자사고 경쟁률 하락은 사법부 판결문에서도 중시됐다는 점이 주목
된다. 자사고의 경쟁률은 이미 떨어지고 있다. 실제 2019학년도 전국단
위 자사고 경쟁률을 보면 2:1이 넘는 학교는 하나고(2.35:1)뿐이었다. 그
외에는 모두 2:1 미만의 낮은 경쟁률을 보였다. 외대부고(1.79:1), 인천하
늘고(1.72:1), 민사고(1.69:1), 현대청운고(1.6:1), 상산고(1.32:1), 김천고
(1.15:1), 광양제철고(1.04:1) 순이었다. 흔히 말하는 전국단위에서 학생
을 선발하는 자사고와 서울지역 일부 자사고만 간신히 모집 정원을 채우
는 상황이다. 그러나 서울지역 광역단위 자사고 가운데도 경문고(0.83:1),
현대고(남학생 0.99:1), 숭문고(0.80:1), 대광고(0.84:1) 등 정원을 못 채우

는 자사고도 대폭 늘어나고 있다. 이처럼 자사고 경쟁률 하락은 자연스러운 현상으로 받아들여진다. 앞으로도 이러한 현상은 더욱 심화될 것이다. 자사고가 학생 충원에 실패하면 그로 인해 발생하는 재정 문제가 학교 운영에 심대한 타격으로 이어진다. 왜냐면 학생등록금이 일반고와 비교해 최소 3배 이상 비싸고 일부 학교는 연간 수업료가 2,500만 원을 넘기고 있으나, 자사고는 정부로부터 재정결함보조금을 지원받지 못하기 때문이다. 오로지 학생등록금에 의존하는 관계로 학생 충원에 문제가 발생하여 미달사태가 벌어지면 학교는 심각한 재정난에 시달릴 수밖에 없는 구조다. 그래서 학교 재정 여건에 따라서는 자발적으로 자사고에서 일반고로 전환 신청을 하는 사례도 늘어나고 있다.

청와대와 여당은 왜 주저하고 있나. 이제는 우리 사회가 자사고 문제뿐만 아니라 학생선발과 관련해서 혁신적 관점이 필요한 때가 되었다. 중학교, 고등학교 시절 점수와 성적이 높은 학생을 우수한 학생이라 평가했다. 우수한 학생을 감별하기 위해, 점수로 줄 세우기 위해, 소수점 둘째 자리까지 따지고 있다. 그렇게 점수로 줄을 세우고 나면 그것으로 우리가 할 일도 모두 끝난다고 믿었다. 이것이 우리 사회가 우수 학생을 감별하는 방법이었다. 그렇게 살아남은 학생과 학부모 그리고 교사들은 선발 경쟁에서 살아남았다고 위안 삼았다. 중학교 성적이 우수한 학생들만 선발해서 모두가 선망하는 대학에 합격시키는 학교가 과연 좋은 학교인가. 학업성취도가 탁월한 학생들을 우선 선발로 싹쓸이한 학교의 진학 결과는 '교육 효과'가 아니라 '선발 효과'라고 솔직하게 인정해야 한다. 이런 자세가 교육자로서 정직한 자기 고백이 아니겠는가. 앞서 언급했듯 사법부 판

공정교육론

단을 종합해 보면 자사고 재지정 취소와 관련해 향후 전개될 법적 다툼의 결론도 자사고 측의 패소를 쉽게 예측할 수 있다. 상황이 이런데도 언론 보도를 통해 청와대 일각에서 '자사고 지정 취소를 부동의해야 한다'는 이야기가 나왔다. 자사고의 일반고 전환이라는 대선 공약을 망각한 듯한 모습이 참으로 안타깝다. 사법부 판결만 봐도 학생선발권에 대한 명확한 판례가 갖춰져 있는데도 자사고의 일반고 전환이라는 교육적 결단을 과감하게 내리지 못하고 우물쭈물 주저하고 있단 말인가. 여당 일부 의원마저 상산고 재지정 평가 탈락이 공정하지 못한 과정이라는 식의 인식을 드러내는 걸 보면 참으로 안타깝다. 국민과 약속한 공약조차 스스로 집행하지 못하거나 눈치를 보는 정부와 여당이라면 누가 그들을 신뢰할 수 있겠는가. 정부와 여당은 국민과 약속했던 자사고 폐지 문제를 과감하게 결단해야 한다. 좌고우면해서는 안 된다.

● '선발 경쟁'에 매몰되면 안 된다

이번 기회에 우리 사회가 함께 고민해봐야 할 지점이 분명해졌다. 과연 학생선발에는 어떤 철학이 담겨야 하는지 살펴볼 필요가 있다. 이 점을 진지하게 묻고 넘어가야 한다. 사실 학생선발보다 더 중요한 교육적 가치는 교실을 포함한 학습공동체의 구성원을 어떻게 만들어 줄 것인가에 있다. 이는 대단히 중차대한 문제이다. 우리가 학습공동체를 통해 어떻게 '학습 효과'를 극대화할 것인지에 대한 성찰을 놓치고 있다. 이제는 미래를 위해 당부하고 싶다. '선발 경쟁'에 매몰되지 않아야 한다. 서로 다양한 환경에서 나고 자란 아이들이 서로를 이해하고 배우며 성장하고 깨달을 수 있는 커뮤니티를 만들어 주기 위해 어떤 노력이 필요한지 더욱 치열하게 고민했으면 한다. 바라건대, 학습공동체의 구성원을 어떻게 구성할 때 학습 효과가 커질 수 있는지를 고민해야 한다. '참된 교육'의 가치가 무엇이었는지부터 다시 시작할 수 있을 때 자사고 교육정책이 옳은지 그른지 생각해 볼 수 있고 판단할 수 있는 단서가 생길 것이다. 이 선발 경쟁의 늪에서 벗어나지 못한다면 우리 교육에서 희망을 찾을 수 없다.

※ 사법부 판단과 결심에 주목한다. "자사고가 국·공립학교에 우선해 학생을 선발할 권리는 헌법상 보장되는 사학의 자유가 아니다.", "자사고로 전환하는 데 우선 선발권이 주된 요소로 고려되긴 했지만, 사립학교는 공교육을 보완하는 만큼, 자사고 측은 학생 우선선발권이 그대로 유지될 수 없음을 예측할 수 있어야 한다.", "지원자가 줄어들어 재정에 영향을 미칠 수는 있지만, 헌법상 사학의 자유에 지원자 보장을 요구할 수 있는 권리까지 포함되어 있지 않다.", "고교 입시경쟁 완화라는 시행령 목적과 공익이 자사고가 받을 불이익보다 크다."

자사고는 어쩌다
'재수생 사관학교'가 되었나

[자사고의 일반고 전환에 찬성하는 이유 ②]
수시 전형 적응 실패, 수능에만 매달려

전국교직원노동조합 서울지부가 6월 26일부터 28일까지 3일간 서울지역 고등학교에 근무하는 교사 1,418명을 대상으로 자사고 인식 관련 설문조사를 했다. 전교조 조합원만이 아니라 일반교사들도 참여한 여론조사였다. 교사의 71.8%가 자사고가 교육에 부정적 영향을 미쳤다고 응답했다. 자사고가 부정적 영향을 끼친다고 응답한 이유로는 '고교서열화로 일반고가 황폐화'되었다는 응답이 83.3%에 이를 정도로 압도적이었다. 다음으로 '차별교육과 특권교육 강화'에 응답한 비율이 59.7%로 60% 가까운 응답을 보였다. 자사고 정책이 일반고 황폐화와 동시에 차별교육과 특권교육의 상징으로 인식되고 있었다. 일반고 중심의 평준화 체제로 개편하는 방향에 대해서는 응답자 가운데 73%의 교사들이 찬성했다.

교육시민단체들 "특권 귀족학교, 자사고 폐지" 전교조, 참교육학부모회 등 교육시민단체 회원들이 27일 오전 청와대 분수대 광장에서 '특권학교, 차별교육 반대! 자사고(자율형사립고) 폐지-일반고 전환 공약 이행 촉구 기자회견'을 열었다. 이들은 '가난한 학생들을 배제하는 귀족학교, 교육

기회균등의 훼손, 고교서열화 체제 강화, 입시 학원화, 교육비 부담 증가, 사교육 팽창 등 자사고 정책이 낳은 결과는 참담하다'며 문재인 대통령의 대선공약이며 100대 국정과제 중의 하나인 '자사고의 일반고 전환'을 촉구했다.

자사고에 다니려면 돈이 필요하다. 연간 학비가 최대 2500만 원을 상회하는 자사고를 서민 가정은 감당하기 어렵다. 집안 형편 때문에 자사고에 다닐 수 없다면 이는 국민을 "정치·경제·사회·문화의 모든 영역에 있어서 각인의 기회를 균등히 하고, 능력을 최고도로 발휘"하게 한다는 헌법 전문의 정신과도 정면으로 배치된다. 바로 특권층을 위한 학교, 즉 특권 학교가 되는 것이다.

● 10명 가운데 4명은 재수 선택

'학교알리미' 사이트에 따르면 서울 강남구 소재 자사고 H고는 2019학년도 대학진학률이 36.1%였다. 종합고(일반계 교육과정과 전문계 특성화 교육과정이 혼성되어 있는 고등학교)를 제외하면 가장 낮은 대학진학률이었다. 반면 재수생과 삼수생 이상의 비율은 엄청나게 높았다. 자사고 전체로 보면 졸업생 10명 가운데 4명은 재수를 선택했다. 반면 일반고의 평균 대학진학률은 77%를 차지했다.

이는 매년 수능시험 원서접수 규모를 통해서도 드러난다. 올해 2월에 H 자사고를 졸업한 고3 재학생은 총 465명이었다. 그런데 2019학년도 수능시험에 응시하겠다고 수능 원서를 제출한 인원 규모는 943명이었다. 이는 고3 재학생 465명 외에도 478명이 추가로 수능시험에 응시했다는 사실이다. 한 개 학년 규모 이상의 인원이 수능시험에 응시했다는 말이다. 매년 2배 규모 재수생, 삼수생, 장수생들이 수능시험에 응시하고 있다.

이는 비단 H고 만의 일이 아니다. S고는 794명(고3 재학생 390명), J고는 802명(고3 재학생 412명), H고 836명(고3 재학생 447명), S여고 698명(고3 재학생 387명) 등 강남구 소재 여타 자사고도 마찬가지였다. 대학 입시 준비를 위해 몰입하는 교육과정을 운영하는 것도 모자라 재학생의 64%가 재수를 선택하는 H 자사고의 현주소를 보면 안타까운 심정을 금하기 어렵다.

강남구 소재 자사고에 재학 중인 학생들의 재수 비율은 전국에 산재한 일반고와 비교할 때 확연하게 높다. 그렇다면 왜 일반고와 달리 자사고 출신 학생들의 재수 비율이 높은 걸까. 자사고는 고교교육과정 다양화, 수월성 교육에 대한 현실적 요구, 학교선택권 확대 등의 목적에서 출발했다. 애당초 자사고 설립 취지대로 학교가 운영됐다면 재수생이 이렇게 많이 나올 수 있을까.

가장 커다란 패착은 '교육과정 다양화'와 정반대의 길을 갔다는 사실이다. 국·영·수 중심의 교육과정을 운영했기 때문에 교육과정 자체가 수능시험에 맞춰져 있었다. 2009 개정 교육과정이나 이번에 새롭게 고시된 2015 개정 교육과정에서 요구하는 수업과는 거리가 먼, '수능시험에 대비하기 위한 교육' 위주로 한 것이 결국엔 재수생을 대거 양산할 수밖에 없는 결과로 이어졌다.

전국의 많은 일반고와 혁신학교들이 수업 혁신과 학교 혁신을 위해 매진하고 있을 때 일부 자사고는 기존 관행대로 수능 중심의 정시 대비 교육과정을 극복하지 못했다. 일반고는 교육과정 편성에서 국·영·수 교과목 비중을 50% 미만으로 편성하도록 규제했다. 반면 자사고는 일반고와 달리 50% 제한을 받지 않는 교육과정 편성의 자율권을 부여받았다. 다양한 교육과정 운영을 전제로 부여된 특혜를 국·영·수 등 소위 주요 교과 비중을 늘리는 데 사용했다. 한마디로 수능 중심의 교육과정을 운영했다.

올해 기준으로 보면 전국 4년제 대학은 입학정원의 77.3%(26만 8766명)에 육박하는 규모를 수시 전형으로 선발한다. 반면 수능 중심의 정시 전형은 22.7%(7만 9090명)에 지나지 않는다. 이런 이유로 재학생은 수시 전형에 초점을 맞춘 학교 교육과정을 따른다. 반면 재수생, 삼수생 이상은 정시에 초점을 맞춰 수능 준비에 매진한다.

일부 자사고는 수시 체제에 효과적으로 대응하지 못했다. 수능 중심의 정시 전형 체제에서 벗어나지 못한 교육과정 운영도 재수생 양산에 촉매 역할을 했다. 만일 자사고가 교육과정 다양화를 위해 적극적으로 노력했다면, 과연 10명 가운데 6명 이상이 재수를 선택했겠는가. 자사고가 왜 '재수생 사관학교'로 전락했는지 냉철하게 성찰해야 한다. 자사고가 설립 취지대로 교육과정 다양화에 진정 이바지했다고 평가할 수 있는가.

※ 3루 베이스에서 태어난 아이는 자신이 3루타를 쳤다고 착각한다는 지적이 아니더라도 우리는 종종 자신의 능력으로 현재의 지위와 부를 누리는 것으로 인식한다. 재수, 삼수, 사수, N수 해서 진학하곤 자신의 능력으로 착각한다. 과연 그런가. 동시대를 살아가는 많은 이들의 헌신과 뒷받침 없이 자신 혼자만의 힘과 능력으로 3루 베이스까지 진출한 것일까. 한없이 겸손해야 하는 이유다.

세 제자의 '고백', 자사고가 무너뜨린 교육의 가치

[자사고의 일반고 전환에 찬성하는 이유 ③] 분리 교육의 폐단

학교는 아이들에게 삶의 현장이자 배움의 공간이다. 말하자면 삶과 배움이 일어나는 곳이다. 나와 다른 가정환경, 사회적 지위, 인생관, 세계관이 교차하며 서로 배우게 된다. 성적이나 점수로 학생들을 분리해 수월성 교육의 욕구는 충족할 수 있었는지 모르겠다. 하지만 교육이 지향하는 사회통합의 가치는 철저하게 배제되고 소외됐다. 정답은 늘 현장에 있다. 필자가 가르친 고등학생들 사례를 바탕으로 일반고 중심 고교체제 개편의 방향성을 모색해 본다.

● 삶과 교육이 일치하는 순간

A는 신입생 예비소집에서 예상치 못한 장면을 목격한다. 12월 추운 겨울 날씨에 얇고 구멍까지 나서 낡아 버린 하얀색 실내화를 신은 채, 낡은 점퍼를 입고 예비소집에 나타난 친구 B를 보게 된다. 귀가해서도 온종일 그 모습을 떨쳐 낼 수 없었다. 엄마에게 울먹거리며 부탁했다고 한다. 아무도 모르게 친구 B가 입을 수 있는 겨울 점퍼랑 따뜻한 신발을 사 주면

안 되겠냐면서 말이다. 그때 가장 강조했던 건 겨울옷과 신발을 학교에서 사 주는 것으로 해 달라는 간청이었다. A 학생 부모님은 두 분 모두 국립대 의대 교수였다. A는 나중에 자신을 성찰하며 남긴 글에 스스로 온실 속 화초로 살아왔다는 사실을 고백했다. 자신과 같은 시대를 살아가는 친구들 가운데 이렇게 힘든 상황 속에서도 최선을 다하는 친구들이 많다는 사실에 놀랐으며 크게 깨달았다고 했다. 훗날 자신이 의사가 되더라도 누굴 위해, 무엇을 위해 헌신하는 의사가 되어야 하는지 깨달을 수 있었다는 내용이었다. 교육은 이런 것이다. 삶과 교육이 일치하는 순간이었다.

C는 부유한 가정환경에서 자랐다. 값비싼 영어 원서도 여러 권을 지니고 있었다. 기초생활 수급자였던 D가 어느 날 수업 시간 영어교재로 사용하던 원서교재를 C에게 빌렸다. 한 주가 지나도록 빌린 책을 돌려주지 않자 늦은 시간에 C가 D를 찾아갔다. 노크해도 문이 열리지 않자 '다 자나?' 하고 돌아서려는 순간, 기숙사 방문이 열렸다. 문을 연 친구 D의 눈이 눈물로 범벅이 되어 있었다. 놀란 C가 못 본 척하고 돌아서려는 순간 괜찮다며 들어와도 좋다는 D의 말에 방 안으로 들어섰다. D와 한 방을 사용하던 나머지 친구들도 눈가가 젖어 있었다. C도 방에 들어가 함께 앉아 들어 보니 D를 포함해 친구들이 각자 자신이 살아온 삶을 친구들과 솔직하게 나누고 있던 자리였다. 가난 때문에 엄마, 아빠, 본인, 동생 이렇게 네 식구가 반지하 단칸방에서 살고 있고, 아빠는 낮에도 일하고 밤에는 대리운전까지 하며 잠잘 시간조차 없이 돈벌이에 나섰고, 어느 날엔 신발을 신은 사람들이 집안으로 쳐들어와 빨간 딱지를 붙이며 압류 조치했던 사건 등등. 그날 한방에서 D의 이야기를 들었던 친구들은 왜 울고 있었을까? 함

께 가슴 아파했던 이유는 무엇이었을까? 나는 이것이 교육이라고 생각한다. 우리가 가르치는 교과서와 관련 성취기준들에 따른 교육이 언제 한 번이라도 '삶'이라는 이정표와 정확하게 겹쳤던 적이 있었던가. 그럼에도 C가 써 낸 글을 보며, 언젠가 세월이 흘러 C가 성인이 되고 국가의 주요 정책을 다룰 수 있는 자리에 가더라도 최소한 어떤 마음으로 누굴 위해 일해야 하는지 정도는 명확한 입장을 지니고 살아갈 수 있지 않을까 하는 안도감을 느꼈다.

다른 사례도 많았다. 기초생활 수급자로 지정될 정도로 지독하게 가난한 삶 속에서 고군분투하며 살았던 E가 입학하기 어렵다는 자사고에 합격했다. 입학 첫날부터 세상이 그리 공평하지도 정의롭지도 못하다는 사실을 알아차렸다. 자신은 중학교 시절 방과 후 보충수업비를 교육청에서 지원해 주기 때문에 그 정도 수준의 수업만 들을 수 있었다. 그런데 입학해 보니 고등학교 수학 과정까지 모두 마치고 입학한 친구들이 수두룩했다. 수업 시간이면 도무지 알 수 없는 방식으로 고난도 문항을 척척 풀어내는 친구들을 보며 자신의 가난이 미웠다. 동시에 솟아오른 분노와 증오는 부유한 가정에서 자란 친구들을 향했다. 눈에 띌 정도로 극도의 분노와 저항감을 표출했다. 시간이 흘러 고3이 됐을 때, E는 1학년 때 그토록 미워하고 증오하던 부유한 환경에서 자란 아이들과 대단히 잘 어울리며 가깝게 지냈다. 옛날 모습이 떠올라 물었다. 제자가 하는 말이 걸작이었다.

"선생님, 제가 몰랐던 것이 많았어요. 저는 가난해서 많이 불편했지만 제가 판단하고 결정하며 지금까지 살아왔어요. 근데 집안 형편이 넉넉한 친구들은 불쌍하기도 해요. 매일 저녁 늦은 시간이 되면 그 친구들이 엄마랑 통화하는데 무슨 내용인지 대충 알 수 있거든요. 근데 무엇 하나라도 자신들의 의지대로 결정할 수 있는 게 아무것도 없더군요. 그래서 어찌 보면 세상은 참 공평한 것 같아요. 저는 가난했지만 스스로 고민하고 주체적으로 결정하며 살아왔고, 친구들은 부유했지만 스스로 고민하고 결정할 수 있는 자유가 없었던 거잖아요."

'분리'와 '특권'을 거부한다. 서울시교육청이 사실상 자율형사립고 폐지 수순에 들어가면서 서울지역 자사고 교장연합회가 공동대응에 나서며 양측 간 갈등이 고조되고 있다. 앞서 서울교육청은 지난 17일 보도자료를 통해 일반고로 자진 전환하는 자사고를 '서울형 중점학교'로 지정하고 5년간 최대 14억 원을 지원하겠다고 발표한 바 있다. 학교 현장에서 만났던 제자들의 이야기다. 이들이야말로 시대의 스승이었다. 이 아이들이야말로 삶의 현장에서 교육과 삶이 일치하는 숱한 장면을 내게 보여 주었다. '삶'을 위한 '교육'이 무엇인지 온몸으로 일깨워 준 친구들이니 이들이 내겐 스승이었다.

교육은 이래야 한다. 나와 다른 계층, 나와 다른 생각을 지닌 친구들이 서로 어우러져 갈등도 경험하고 다투기도 하지만 결국에 가서는 서로를 이해하고 보듬어 안고 다시 하나가 되는 과정이어야 한다. 자사고 정책이 실패한 정책이라고 믿는 이유는 바로 이런 '분리교육'이 갖는 폐단을 고스란히 노출하고 있기 때문이다. 우리는 기성세대로서 '수월성' 교육이라는 명분 아래 우리 아이들이 공부하는 환경을 어떻게 만들어 줄 것인가에 대한 고민보다는 성취도가 높은 학생들을 위해 무엇을 해 줘야 하는지에 너무 많은 사회적 에너지를 쏟아부었다. 어떻게 해야 우리 아이들이 참된 성장을 이룰 수 있을지 깊이 고민하지 않았다. 자사고를 일반고로 전환하는 이유가 바로 이 지점이어야 한다. '경쟁'과 '배제' 그리고 '분리'와 '특권'의 가치를 거부하고 '협력'과 '배려' 그리고 '공정'과 '정의'의 가치를 존중해야 한다. 그것이 자사고의 일반고 전환을 통해 우리가 얻을 수 있는 소중한 가치다.

　　※ 참된 교육은 나와 다른 환경에서 나고 자란 이들과 교류하며 그들을 이해하고 배려할 줄 아는 데서 출발한다. 그것은 부유한 환경에서 자란 학생도 가난한 환경에서 자란 친구로부터 배워야 한다는 사실이다.

'자사고 존치'
5가지 핵심 주장의 맹점

─자사고 논란을 정리하며

자사고 재지정 평가와 관련해 논란이 분분하다. 이번 기회에 쟁점이 되는 문제들을 살펴볼 필요가 있다. 자사고 논란과 관련해 자사고와 보수 언론의 논리는 크게 다섯 가지로 정리할 수 있다. 자사고를 폐지하면 ▲강남 8학군이 부활하는 것 아니냐 ▲일반고로 하향 평준화를 하자는 거냐 ▲학생, 학부모 혼란은 누가 책임지느냐 ▲수월성 교육이라는 현실적 요구는 어찌할 것이냐 ▲자사고 폐지만으로 고교서열화 문제가 해결되느냐 등의 우려가 제기되고 있다. 한 가지씩 논쟁점을 짚어 본다.

강남 8학군 부활? 허구적 논리일 뿐. 강남 8학군 부활은 과거 학력고사와 수능시험이 중심이었던 대입 경험에서 비롯한 걱정이다. 강남 8학군은 '내신'이라는 변수가 작동하지 않던 시기였다. 학력고사와 수능시험 중심의 대학입시에서 내신은 그 어떤 존재감도 발휘할 수 없었다. 그러나 지금은 세상이 달라졌다. 대학 입시의 중심은 정시가 아니다. 수시 중심의 대학 입시체제가 공고하게 뿌리를 내렸다. 수시 중심의 입학시험에서 가장 중요한 평가 요소는 고등학교 생활을 얼마나 충실하게 소화했는가 이고, 그 핵심 평가 지표 가운데 하나가 바로 내신성적이다. 더군다나 전국 4년제 대학 신입생 정원의 77.3%를 수시로 선발한다. 수능시험으로 선발하는 정시 규모는 기껏 해 봐야 20%를 살짝 웃도는 수준이다. '강남 8학군 부활'은 허구적 논리일 뿐이다.

자사고 폐지는 일반고의 교육과정 편성 자율권 확대를 전제로 진행해야 한다. 교육과정 편성 및 운영의 자율권을 자사고에는 부여하면서 일반고에 허락하지 않는다면 그것이 바로 '특권교육'이자 '차별 교육', '분리 교육'이다. 자사고 폐지는 일반고 수준을 질적으로 높이는 쪽으로 전개되어야 한다. 자사고는 되고 일반고는 안 된다는 논리를 가지고는 국민을 설득할 수 없다. 서울 경희·배재·세화·숭문·신일·중앙·이대부고·한대부고 등 8개 자율형사립고가 교육청 운영성과평가에서 지정취소가 결정됐다. 서울시교육청은 "8개교는 운영평가 결과 자사고 지정목적 달성이 어렵다고 판단해 지정취소 절차를 진행하기로 했다."라고 9일 밝혔다. 일반고로 전환된 학교, 신속한 지원 뒷받침해야. 학생과 학부모가 혼란을 느끼지 않도록 정책적 배려가 절실한 것은 분명하다. 이 부분은 자사고 정책 도입 초기에도 있었다. 자사고 지정 첫해엔 같은 학교 내에서도 2학년과 3학년은 일반고였고, 1학년 신입생만 자사고였던 때가 있었다. 당시 1학년 학부모는 2, 3학년 학부모에 비해 세 배나 비싼 등록금을 냈다. 똑같은 교원과 시설, 환경 등에서 지내는 게 옳으냐는 내부 비판은 있었지만 그렇다고 큰 혼란을 겪지 않았다. 지금도 마찬가지다. 2, 3학년은 졸업할 때까지 자사고 학생 신분을 그대로 유지한다. 1학년 신입생부터 일반

공정교육론

고로 입학하게 된다. 자사고에서 일반고로 전환한 후에 교육과정 다양화는 물론이고 진학 실적도 상승했던 미림여고(주석훈 교장)의 사례는 시사하는 바가 매우 크다. 자사고의 일반고 전환 과정에서 일어날 혼란을 막기 위해 교육부 장관은 신속하게 동의 절차를 밟고 해당 시·도교육청은 일반고로 전환된 학교에 행정·재정 지원을 해야 한다.

수월성 교육이라는 현실적 요구 어찌할 것인가. 수월성 교육, 즉 학업성적이 우수한 아이들을 위한 맞춤형 교육이 필요하지 않냐는 사회적 요구와 학교를 선택할 수 있는 권리를 어떻게 보장할 건가에 대한 문제 제기는 우리 사회가 첨예하게 논쟁하는 지점이다. 여기서 한 가지 우려되는 것은 수월성 교육 못지않게 기초학력 미달에 해당하는 학생들을 위한 지원 방안이 필요하다는 점이다. 교육격차 해소를 위해서라도 절실하게 필요하다.

수월성 교육과 기초학력 미달 문제를 포함하여 우리 교육의 내적 문제를 해결할 수 있는 기회로 '고교학점제'를 정착시켜야 한다. 학업성취도가 우수한 학생에게도, 기초학력이 부족한 학생에게도 자신의 수준에 맞는 교과목을 선택하여 수강할 수 있는 방식이 바람직하기 때문이다. 개인별 학업성취 수준을 고려하지 않고 정해진 교과목 시간표에 따라 일방적으로 수업을 진행하는 것은 각 개인의 특수한 상황을 고려하지 않는 표준화 방식의 한계라고 지적할 수 있다. 현재 경기도교육청은 2022년 전면 시행을 앞두고 고교학점제 시범학교를 운영 중이다. 문재인 정부는 2025년 전면 도입을 위해 로드맵을 발표했다. 하지만 고교학점제가 현장에 뿌리를 내리기 위해서는 다섯 가지 전제조건이 필요하다. 첫째, 공고한 고교서열화를 해소해야 한다. 둘째, 수능과 내신을 절대평가로 전환해야 한다. 셋째, 교사의 개인별 평가권을 확보해야 한다. 넷째, 교사가 수업과 상담에 집중할 수 있도록 행정업무는 행정실과 행정실무사에게 모두 이관해야 한다. 다섯째, 고등학교 교사들의 주당 수업시수를 12시간 이하로 법제화해야 한다. 이 다섯 가지가 전제되지 않는 고교학점제는 실패할 수밖에 없다. 따라서 고교학점제는 이 다섯 가지 전제조건이 준비된 이후에 실행되어야 한다.

'자사고 폐지만으로 공고하게 굳어진 고교서열화 체제가 깨지겠는가.' 하는 문제가 남는다. 물론 그렇지 않다. 자사고도 영재고(과학예술영재고), 과학고, 자사고, 외고, 국제고, 일반고라는 서열화된 체제 내에서 있을 뿐이다. 따라서 이처럼 공고한 고교서열을 해체하기 위해서는 다음과 같은 접근이 필요하다. 우선 영재고와 과학고 문제를 해결하려면 '영재교육진흥법 시행령 제14조(영재학교의 입학 자격 등)'를 개정해야 한다. 영재·과학고 문제가 심각한 이유는 초등학교 저학년부터 사교육에 몰입하지 않으면 합격할 수 없는 구조이기 때문이다. 영재·과학고에 입학하기 위해 드는 사교육비 총액은 1인당 1억 6천만 원 정도로 추산되고 있다. 따라서 영재고와 과학고 운영 방식을 위탁교육 형식으로 바꾸고, 영재고 입학 자격을 '중학교 졸업 예정자'가 아니라 '일반고에 재학 중이며 1학년 과정을 수료한 학생'으로 바꿔 대상자를 선발해야 한다. 일반고 수학, 과학 교사들이 수업과 실험 등을 통해 해당 영역에 영재성을 보이는 학생을 이들 기관에 위탁하는 것이다. 영재·과학고에서 2년간 교육을 받았으나 위탁 교육기관이기에 졸업은 일반고에서 하는 형태다. 특목고에 해당하는 외고와 국제고 등도 마찬가지다. 초·중등교육법 시행령 제90조(특수목적고등학교)를 개정하거나 삭제함으로써 일반고 전환도 가능하다. 이렇게 되면 영재학교와 과학고, 외국어고, 국제고가 속해 있는 특수목적고 등학교의 일반고 전환을 통해 고교서열화가 해소될 수 있다. 이대로 두고 볼 수는 없다. 우리나라에서 태어나는 청소년들은 자신의 의사와 무관하게 고교서열화와 대학 서열화라는 이중 절벽과 마주 서야 한다. 그것이 이 땅에 태어나는 우리 아이들이 감내해야만 하는 숙명이다. 과연 우리 사회가 건강한가? 이대로 다음 세대에게 우리 사회를 물려줘도 괜찮은 걸까? 이 물음은 철저하게 기성세대가 머리를 맞대고 해결해야 하는 선결과제이다. 이 과제를 해결하지 못하면 아이들은 대한민국에서 태어났다는 이유만으로 피라미드 꼭대기에 올라서기 위해서 하루 15시간씩 학업을 이어 나가야 할 것이다. 이런 살인적 경쟁 시스템 속에서 살아가는 청소년들의 삶은 누가 대변할 것인가. 누가 그들의 고통에 응답해야 하는가.

※ 특권을 용인하면서 분리하고 배제하는 교육은 이제 멈춰야 한다. 다양성 가운데 개성을 확인하고 서로 성장하는 배움의 공동체가 되어야 한다.

고교서열화,
어떻게 해결해야 하나

    대학 서열화가 심각한 사회문제로 대두된 상황에서 그것도 모자라 이제는 고교서열화 문제까지 걱정해야 할 판이다. 전국의 2,358개 고교가 강력한 서열화 체제에 놓였다. 영재학교(8곳), 과학고(20곳), 자사고(42곳), 외국어고(30곳), 국제고(7곳) 등 107개 고교가 전국 2,251개 고등학교 위로 공고한 서열화를 이루었다. 우리 아이들은 고교와 대학에서 이중으로 서열화를 경험하며 자란다. 피라미드 꼭대기에 오르기 위해 아이들도 학부모도 살인적 경쟁 시스템 속으로 불나방처럼 뛰어든다.

    왜, 무엇을 위해, 우리는 그토록 가혹한 현실을 짐짓 모른 척하며 눈을 감고 있는가. 내 아이만 영재학교에 입학하면 되는가. 내 아이만 서울대에 입학하면 괜찮은가. 그리되면 편안하고 안락한 삶이 보장된다는 허상에 사로잡혀 있는 건 아닌가. 서열화의 견고한 벽은 인간의 이기적 욕망을 먹고 자란다. 그만큼 벽은 높고 단단하다. 학벌 타파를 외치는 21세기 대학 서열화도 힘든데 고교체제까지 서열화된 세상에서 아이들은 어디에 마음 붙이고 살까.

실제 영재학교에 입학하기 위해 초등학교 저학년 때부터 온갖 사교육을 받아야 한다. 초등학교 2학년이 중학교 3학년 교육과정을 배워야 한다. 6학년이 되면 고등학교 교육과정을 배운다. 초등학교부터 영재고 진학을 위한 사교육비로 1인당 1억 6천만 원이 소요된다는 추산이 보도됐다. 도를 넘는 선행학습을 요구하고 사교육에 의존해야만 영재학교에 합격할 수 있는 구조라면 더는 침묵하거나 묵과해선 안 된다. 영재학교와 정도 차이는 있겠으나 과학고에 진학하기 위한 과정도 별반 다르지 않다. 영재학교와 과학고만의 문제겠는가. 자사고, 외국어고, 국제고 모두 문제다.

그렇다면 고교서열화를 어떻게 해소할 수 있을까. 우선 영재학교는 '영재교육진흥법' 시행령 제14조(영재학교의 입학자격 등) 2항의 '중학생 조기입학 자격 부여 조항'을 삭제함으로써 문제를 해결할 수 있다. 일반고 진학 뒤, 1학년 과정을 이수한 재학생을 대상으로 선발하여 영재학교에서 위탁교육을 받도록 운영하면 된다. 일반고에서 수학, 과학 교과의 탁월함이 인정되면 교과목 담당교사 추천을 거쳐 선발하면 된다. 다만 평가 요소는 수학, 과학을 중심으로 하되 고교 1년간의 교육과정을 충실하게 반영해야 한다. 말하자면 수학, 과학 역량이 우수하면서도 인문 소양과 예술 감수성을 두루 갖춘 인재를 선발함이 바람직하다.

과학고, 외국어고, 국제고는 특목고에 속한다. 이는 '초·중등교육법 시행령' 제90조(특수목적고등학교)의 개정과 삭제로 일반고 전환이 가능하다. 자사고는 제91조의 3(자율형 사립고등학교)을 개정하거나 삭제하는 방법으로 일반고 전환이 가능하다. 특목고와 자사고의 일반고 전환은 국무회의 의결로 시행령 개정 혹은 삭제가 가능한 상황임에도 현 정부는 결단을 미루고 있다. 그러는 사이, 대선 공약과 국정 100대 과제였던 자사고의 일반고 전환 문제가 시행령 삭제가 아닌 시·도 교육감의 재지정 평가로 일반고 전환을 시도하는 국면이다. 이로 인해 야기된 사회적 갈등과 소모적 논쟁이 끊이지 않아 피로감만 높아지고 있다.

문재인 정부 로드맵이 재지정 평가 논란을 거친 뒤 여론 수렴을 통해 시행령 개정으로 자사고와 특목고를 일반고로 일괄 전환하는 것까지 포함되어 있는지 의문이다. 설사 의지가 있더라도 집권 후반기에 고교체제 개편 동력이 여전히 유효할지도 미지수다.

가장 중요한 것은 일반고 수준을 향상할 수 있는 획기적 대책이다. 자사고에 허용했던 학교 운영과 교육과정 편성의 자율권을 일반고에도 부여해야 한다. 그래야만 일반고의 하향 평준화가 아닌 상향 평준화를 기대할 수 있다. 시간이 넉넉하지 않다. 그래서 마음이 더 무겁다.

※ '서열'을 부추기는 심리의 기저에는 어떤 욕망이 자리하고 있을까. 남과 다른 나만의 우월함을 드러내겠다는 인식의 밑바닥에는 불안과 두려움이 웅크리고 있다. 되려 자존감이 낮은 경향을 띤 사람일수록 남보다 더 우위에 있어야 한다는 강박심리가 작동할 여지가 크다. 협력과 배려의 욕망이 작동하는 사람에겐 '서열화'에 대한 욕망보다는 타인과 더불어서

함께 가고 싶은 욕망이 더 클 것이 자명하다. 더 나아가 나와는 다른 계층이라는 선민의식엔 '차별'과 '배제'와 '혐오'의 감정이 도사리고 있기에 천박하다는 사실을 알아야 한다.

내 자녀만 잘되면 된다?
자사고 논란의 자화상

―상산고 등 자사고 3곳 '운명의 날',
교육 전반 살펴볼 기회로 여겨야

전주 상산고등학교 학부모들이 2일 오전 전북도의회에서 학교 측의 자사고 지정취소에 반박하는 기자회견장 앞에서 피켓시위를 하고 있다. 전북 상산고, 군산 중앙고, 안산 동산고 등 3개 자율형사립고(이하 자사고) 지정취소와 관련, 유은혜 교육부 장관의 동의 여부가 26일 오후 발표된다. 이로써 우리 사회가 다시금 고교서열화 문제와 직면하지 않을 수 없게 됐다. 이 기회에 고교서열화, 대학 서열화를 포함한 우리 교육 전반을 살펴봐야 한다. 교육 주체별로 어떤 점을 성찰해야 하는지 돌아봐야 한다.

● 교육 당국은?

교육부, 국가교육회의 및 전국 17개 시·도교육청은 고교 및 대학 서열화 문제를 왜 해소해야 하는지, 어떤 방식으로 해소할 것인지 구체적인 로드맵을 제시해야 한다. 구체적으로는 수시 중심의 대입체제 개편과 내신 및 수능 절대평가 전환이라는 밑그림을 바탕으로 사회적 합의를 도출해야 한다.

● 자사고 측은?

지금까지 '선발 효과'에 의지했던 자사고들도 이젠 교육 본연의 공공성과 책무성을 자각해야 한다. '선발 효과'보다는 '교육 효과'에 더 깊은 관심과 노력이 필요하다. 단지 점수와 성적이 높은 학생들을 우선 선발로 선점하여 진학 결과를 과시하는 방식이어서는 옳지 않다. 선발보다 더 중요한 것이 교육공동체를 어떻게 구성할 때 학습효과와 동료효과가 더욱 극대화될 것인가를 고민해야 한다.

● 자사고 학부모들은?

오래전 '부모'와 '학부모'의 차이를 설파했던 공익광고가 커다란 울림을 주었다.

"부모는 멀리 보라 하고 학부모는 앞만 보라 합니다. 부모는 함께 가라 하고 학부모는 앞서 가라 합니다. 부모는 꿈을 꾸라 하고 학부모는 꿈꿀 시간을 주지 않습니다. 당신은 부모입니까? 학부모입니까? 부모의 모습으로 돌아가는 길, 참된 교육의 시작입니다."

내 자녀만 잘되면 된다는 개인주의나 사회의 공공선을 외면하는 이기적 욕망만 탓할 수는 없지만, 우리 사회의 공공선과 성숙한 시민의식이 어느 때보다 절실하게 요구되는 시점이다.

● 우리 사회는?

초등학교 시절부터 경쟁과 서열화로 얼룩진 교육생태계에서 자라는 우리 아이들은 무엇을 배우며 성장하는가. 현재 우리 교육공동체를 지배하는 경쟁, 서열, 등급, 배제, 분리, 소외, 차별, 불공정, 불평등, 획일성의 가치를 이제는 철저히 배격해야 한다. 그 자리에 협력, 평등, 배려, 통합, 참여, 공정, 다양성의 가치가 작동할 수 있도록 법과 제도는 물론 문화를 혁신해야 한다. 이 가치를 실현하기 위해 우리 교육이 어떻게 달라져야 하는지 고민해야 한다. 보다 성숙한 시민사회를 위한 집단지성과 공정한 의견수렴 과정이 필요하다. 이런 노력이 전제되지 않으면 우리 사회가 더는 희망을 기대하기 어렵다.

※ '부모'와 '학부모'의 차이를 명징하게 보여 준 공익광고가 있었다. '부모'라는 말 앞에 한 단어가 붙었을 뿐인데, 보여 주는 태도와 가치는 그야말로 하늘과 땅 차이다. 많은 사람의 뇌리에 여전히 남았겠으나 그래도 다시 음미해 본다. "부모는 멀리 보라하고 학부모는 앞만 보라 합니다. 부모는 함께 가라 하고 학부모는 앞서가라 합니다. 부모는 꿈을 꾸라 하고 학부모는 꿈꿀 시간을 주지 않습니다. 당신은 부모입니까? 학부모입니까? 부모의 모습으로 돌아가는 길 참된 교육의 시작입니다."

대통령 언급 '고교서열화 해소'
구체적 방안은?

문재인 대통령이 강력한 교육개혁을 추진하겠다면서 검토를 지시한 내용은 '고교서열화 해소'였다. 고교서열화가 갖는 폐해는 더 말하지 않아도 이미 깊은 공감대가 형성되었다고 판단한다.

드라마 「스카이캐슬」에서도 숱하게 등장했던 상징물, 그 피라미드의 맨 꼭대기에는 영재학교가 자리를 잡고 있다. 매년 4월 영재학교를 선망하는 학생과 학부모들이 입시에서 실패를 맛보면 차선책으로 택하는 학교가 8월에 선발이 시작되는 과학고이다.

이렇게 영재학교와 과학고 선발시험에서 탈락하면 전국단위 자사고와 광역단위 자사고에 지원한다. 그도 아니면 외국어고, 국제고 등에 지원한다. 말하자면, 영재학교-과학고-전국단위 자사고-광역단위 자사고-외국어고-국제고로 공고하게 서열화된 학교를 거치고 난 후에야 일반고로 배정된다. 그러니 일반고에 진학하는 학생들은 분리와 배제의 고교서열화 정책으로 열패감에 젖은 채 생활할 수밖에 없다. 공정한 교육기회와 환경을 보장받지 못하는 현실이기도 하다.

피라미드의 최상층부에 자리 잡은 영재학교에 입학하기 위해서는 초등학교부터 시작해서 중학교 3학년 때까지 1억 6000만 원에서 2억 원에 이르는 사교육비가 필요하다는 통계가 보고됐다. 이 정도면 평범한 가정에서는 훌륭한 영재가 태어났다고 하더라도 영재학교는 꿈도 꿀 수 없는 사회 구조가 이미 고착화되어 버린 셈이다. 우리 사회가 공정성 문제에 민감하게 반응하고 분노하는 지점이기도 하다.

사교육비 문제는 둘째치고서라도 열 살도 되지 않은 어린이가 온종일 사교육 기관을 전전하며 살아가야 하는 삶은 누구를 위한 욕망이란 말인가.

● "영재학교와 과학고 학생선발 방식 재검토해야 한다."

영재학교와 과학고는 고교서열화 해소라는 정책과제의 무풍지대이자 사각지대였다. 이를 해결하기 위해서는 영재학교와 과학고의 학생선발 방식을 재검토해야 한다. 영재학교의 학생선발방식에서 문제가 되는 지점은 '영재교육진흥법' 시행령 제14조(영재학교의 입학자격 등)이다.

제14조(영재학교의 입학자격 등)
  ① 영재학교에 입학할 수 있는 자는 중학교를 졸업한 자 또는 법령에 의하여 이와 동등 이상의 학력이 있다고 인정된 자로 한다.
  ② 중학교 및 이에 준하는 각종학교의 장은 당해 학교의 재학생이 영재

학교에 지정·배치되는 경우에는 초·중등교육법 제27조 제1항의 규정에 의한 상급학교 조기입학을 위한 자격을 부여할 수 있다.

이처럼 제14조 ①항에서는 중학교를 졸업한 자 또는 동등 이상의 학력이 있다고 인정된 자로 입학자격을 제한했다. 그런데 ②항에서는 중학교 재학생도 영재학교 조기입학 자격을 중학교 교장이 부여할 수 있도록 예외 조항을 두었다. 이런 편법 조항으로 말미암아 영재학교 사교육 시장이 비정상적으로 확대됐고 영재교육 자체가 부실하게 운영됐다는 평가를 면하기 어렵다.

따라서 국무회의에서는 시행령 제14조 ②항을 삭제해야 한다. 그렇게 되면 영재학교의 입학자격은 중학교 졸업 이상의 학력을 가진 고등학교 재학생을 대상으로 선발하게 된다.

아울러 과학고 입시도 학생선발 시기를 영재학교와 같은 방식으로 접근할 수 있다. 고등학교에 재학 중인 학생들 가운데 영재성이 확인되는 경우에 한정하여 수학, 과학, 예술 교과목 등의 담당교사 추천과 학교장 추천을 바탕으로 영재학교와 과학고 입학시험에 응시할 수 있는 자격을 부여하면 된다. 영재학교와 과학고 문제를 해결하고 나면 자사고, 외국어고, 국제고 등은 초·중등교육법 시행령 제90조 6항(외국어고, 국제고)과 제91조의 3항(자사고)의 삭제를 통해 고교서열화 문제를 해결할 수 있다.

● "고교서열화 해소 없인 공정성 없다."

　문재인 정부는 대선 공약과 국정 100대 과제에서 고교서열화 해소를 국민과 약속했다. 이 약속을 정부 집권 초기부터 일관되게 이행했어야 했다. 공정과 정의에 대한 국민적 요구가 조국 장관의 임명을 계기로 공분과 상실감으로 표출되고 있다. 그 정점에 공고하게 서열화된 고교체제의 문제가 도사리고 있다. 이 문제를 해결하지 못하는 한, 우리 사회에서 '공정성'을 기대하긴 어렵다. 대통령의 언급은 이런 불공정한 시스템을 혁신해서 누구라도 능력만 있다면 성공할 수 있는 사회가 되어야 한다는 국민적 요구를 수용한 것이다. 교육부는 물론이고 정치권은 국민의 준엄한 질책에 귀를 기울여야 한다.

　『맹자』라는 책은 유독 우리나라에서 엄청난 반향을 일으켰다. 맹자가 이 땅에 살았던 사람들에게 큰 공감을 불러일으켰던 이유는 다양했겠지만, 그 가운데서도 "임금은 배라면 백성은 물과 같다. 물은 배를 뜨게도 하지만 배를 뒤집어엎어 버릴 수도 있다"라는 맹자가 가졌던 생각, 말하자면 우리 헌법에 명시된 "대한민국은 민주공화국"이고, "대한민국의 주권은 국민에게 있고, 모든 권력은 국민으로부터 나온다"라는 민본 사상에 근거하고 있었기 때문이다. 우리는 이미 최순실의 딸 정유라의 이화여대 입시부정을 경험했다. 입시 비리를 시작으로 그들만의 높디높은 성채 안에서 무슨 일이 벌어지고 있었는지 확인했기에 겨우내 촛불을 들었다. 민심을 두려워하지 않는 통치자는 역사에서 모두 버림받았다. 오직 두려운 것은 민심과 역사이어야 한다.

　　　　　　　　　　　　　　　공정교육론

※ 교육은 정권을 바꿀 만큼의 위력을 지닌다. 박근혜 정권이 무너진 것은 최순실의 딸 정유라의 이화여대 부정 입학이 세상에 알려지면서부터였다. 문재인 정부의 위기는 조국 법무부 장관의 자녀 입시 비리 의혹이 터지면서부터였다. 그만큼 교육은 '공정'해야 한다. 교육이 공정성을 잃으면 민심이 떠난다. 민심은 되돌릴 수 없다. 그래서 무섭다.

5장

교육과정 혁신

2022 교육과정 개편이
중요한 이유

　문재인 정부가 2025년 고교학점제 전면 도입을 위해 '2022 교육과정' 개편을 공식 언급했다. 지난 11월 7일 교육부의 '고교서열화 해소 및 일반고 교육역량 강화방안 발표'를 통해서였다. 2022년에 고시되는 교육과정에 어떤 내용이 담길 것인지는 향후 우리 교육의 방향성을 담보한다는 점에서 매우 중요한 교육사적 의미를 지닌다.

　2022 교육과정이 적용되는 첫 세대가 현재 초등학교 6학년(2021년 기준) 학생들이다. 그들은 2025년 고교 1학년에 입학한다. 새로운 2022 교육과정과 평가 방법을 통해 2028학년도 대학입시를 치르는 첫 세대가 된다. 우리는 미래교육의 질을 담보하기 위해 어찌 보면 10년 후에 해당하는 2028학년도 대학입시 제도까지를 내다봐야 하는 안목과 통찰력이 필요하다.

　대통령의 정시 확대 발언 이후, 서울 주요 16개 대학을 중심으로 정시 비중을 40% 이상으로 요구하는 정부의 목소리가 커졌다. 정시 비중을

40% 이상으로 할 때의 실질 반영률은 예상보다 높아진다. 해마다 정시로 이월되는 수시모집 인원도 있지만, 수시 전형 자체에 이미 수능 최저학력 기준이 걸려 있는 전형의 인원까지 고려하면 실질적 반영률은 70%를 넘는다는 〈사교육걱정없는세상〉의 통계도 보고됐다.

현 정부의 임기는 2022년까지다. 새로운 개정 교육과정이 고시되는 해이기도 하다. 2022 교육과정을 고시하기 위해서는 내년부터 당장 교육과정 연구가 시작되어야 한다. 따라서 2022 교육과정은 문재인 정부가 강력하게 추진하고 있는 고교학점제 전면 도입을 위한 기본 설계가 핵심을 이룰 수밖에 없다. 개정 교육과정의 핵심 지표는 고교학점제 전면 도입을 위한 설계도가 되는 셈이다. 동시에 2022년 3월 9일은 차기 정부의 대통령을 선출하는 날이기도 하다. 다음 정부에까지 이어지는 교육정책의 일관성을 유지하기 위해서 2022 교육과정이 무엇을 담아내야 하는가는 대단히 중요하다.

만일 개정 교육과정의 완성된 내용이 고교학점제 적용을 위한 설계가 토대를 이룬다면 이는 정권이 바뀐다고 하더라도 교육과정 자체를 되돌리기에는 시간적 무리가 따르게 된다. 따라서 교육과정 개편이 갖는 의미는 고교학점제를 전면 도입할 수 있을 것인가 아니면 현재의 방식대로 교육과정을 운영할 것인가의 문제로 귀결된다.

고교학점제 전면 도입을 위해서는 현재 2015 교육과정에 대한 성찰과 반성이 필수적이다. 과도한 학습량을 줄이겠다는 교육과정 개편의 취지가 무색했다. 또 교육과정이 추구하는 지향과 교실 현장의 괴리가 과도했다. 30명 전후의 학생과 한 교실에서 발표와 토론을 진행하는 것은 사실상 불가능에 가깝다. 따라서 고교학점제를 도입하고자 한다면 학급당 학생 수를 20명 미만으로 줄일 수 있는 획기적 대책 마련이 필수적이다. OECD 최고 수준의 학급당 학생 수를 유지하기 위해서는 더 많은 교사를 충원해야 한다. 교실 공간 부족 문제를 어떻게 해결할 것인가도 관건이다.

학령인구가 급격하게 감소하니 교육재정도 줄여야 한다고 믿는 경제부처 관료들이 존재하는 한 대한민국의 미래는 참담하고 암울하다. 학령인구 감소가 미래 국가경쟁력을 확보하기 위한 절호의 기회라는 인식을 갖고 더 공격적인 교육재정 투자와 확충에 나서야만 무한 경쟁 시대에 살아남을 수 있다. 그 비결을 기획재정부 관리들만 모르고 있다. 얼마나 근시안적인 대응이냐고 비판하지 않을 수 없다. 기재부와 교육부는 이제라도 국가의 운명은 오로지 교육에 달려 있음을 명심하고 교육재정 확보와 투자에 주저 말고 적극적으로 나서야 한다.

2022 교육과정이 양적인 측면에 집착해선 반드시 실패하게 마련이다. 핵심 성취기준 중심의 질적인 교육과정으로 재편되어야 한다. 2015 교육과정에서 과목별 제시된 성취기준을 위계에 따라 통폐합하고 한두 개의 핵심 성취기준만 제시하고 나머지 성취기준은 학습활동과 평가를 통해 소화할 수 있도록 정리할 필요가 있다. 질적인 재구성을 통해 본래 취지와 시대의 요구에 맞는 '삶을 위한 교육과정'으로 재구성되어야 한다. 삶

과 교과목의 연계는 국민적 요구이기도 하다. 특히 '노동', '통일', '젠더', '환경' 등 성취기준은 단순한 범교과로 처리할 문제가 아니다. 모든 교과목에서 삶과 연계하여 구체적 성취기준으로 제시하는 대안을 마련해야 한다. 더는 늦출 수 없는 중차대한 문제다.

※ 현재 적용하는 2015 교육과정까지는 국가 수준의 교육과정을 일부 학자들이 모여서 그들의 의견을 관철하는 방식이었다. 물론 외부 연구용역과 전문가 의견 등을 수렴한다고 하지만 대개는 형식적 절차와 요식적 수준에서 이뤄지는 것이 보편적이었다. 향후 2022 교육과정은 기존의 교육과정과 달라야 한다. 명칭도 4. 16 교육과정이라 호명할 정도로 혁신적 교육과정이어야 한다. 학생, 학부모, 교원의 의견을 제대로 수용해서 현장 적합성이 뛰어난 교육과정을 설계해야 한다. 또한 일반 국민을 대상으로 여론조사를 해서 파악한 바와 같이 실제 살아갈 삶에 도움이 되고 연관성이 깊은 교육과정이 설계돼야 한다. 한마디로 '삶'을 위한 교육이 더욱 활성화되는 교육과정이어야 한다.

2022 개정 교육과정이
갖춰야 하는 것들

2009 교육과정과 2015 교육과정에서 추구했던 인재상은 '글로벌'로 묘사된 국제 감각을 갖추고 있으며, '창의성'을 지닌 인재(2009 교육과정)였다. 그런가 하면 기존 지식을 융합하여 새로움을 창조해 낼 수 있는 '창의·융합 능력'을 지닌 인재육성(2015 교육과정)을 지향했다. '국제 감각', '창의성', '창의·융합능력' 등은 모두 인재가 갖추어야 할 중요한 역량이다. 다만 아쉬운 것은 인간으로서 갖추어야 할 본질적 역량이라기보다는 다분히 기능적 역량에 가깝지 않았던가 하는 문제의식이다. 그러한 문제의식에 기초하여 새로운 2022 교육과정이 지향해야 하는 바는 본질적인 고민에 기초한 인간상을 제시해야 하지 않을까. 교육과정에 대한 고민은 이로부터 출발해야 한다.

● '사유(思惟)할 수 있는 민주시민' 육성을 위해 필요한 역량은?

사유(思惟)란 인간의 가장 고차적인 심적 능력으로서 일반적으로 감성의 작용과 구별된 개념, 판단, 추론 등의 작용을 가리킨다. 또 감성이 개별적인 것으로 향하는 감각임에 반해 사유는 보편적인 것, 본질의 파악에 관한 능력이다. 그런 점에서 사유(思惟)할 수 있는 민주시민에게 요구되는 역량은 '공감적 사고역량', '비판적 사고역량', '창의적 사고역량', '실천적 사고역량'을 포함한다.

'공감적 사고'는 남의 주장이나 감정, 생각 따위에 찬성하여 자기도 그렇다고 느끼는 상태를 일컫는다. 누군가 준거 기준 내에서 경험한 바를 이해하고 느끼는 능력으로, 예를 들어 누군가가 다른 사람의 입장에서 생각할 수 있는 능력이다. 이처럼 다양한 감정 상태를 아우르는 감정이입에는 수많은 정의가 있다. 감정이입의 종류에는 인지적 공감(cognitive empathy), 감정적 공감(emotional empathy), 육체적 공감(somatic empathy) 등이 포함된다.

'비판적 사고'는 어떤 사태에 처했을 때, 그것에 대하여 다양한 관점에서 분석하고 평가하는 능동적인 사고를 일컫는다. 비판적 사고(批判的 思考,Critical thinking)는 판단하기 위하여 사실들을 분석하는 것이다. 다양한 정의가 있으나 일반적으로 합리적이되, 회의적이거나 편향되지 않은 분석 혹은 사실적 증거에 대한 평가 등의 개념을 포함한다.

'창의적 사고'는 기존의 지식이나 경험을 바탕으로 상황에 맞는 새롭고 가치 있는 결과물을 만들어 내는 능력, 또는 새로운 의견이나 아이디어를 제시할 수 있는 정신적 능력을 일컫는다. 다양하고 광범위한 기초 지식을 바탕으로 다양한 전문 분야의 지식, 기술, 경험을 융합적으로 활용하여 새로운 것을 창출하는 역량으로서 창의성(創意性, creativity, initiative)은 전통적이거나 진부(陳腐, stereotypic)한 사고방식이나 틀(framework)에서 벗어나 새롭고 독창적인 것을 사고하거나 사유할 수 있는 성질 또는 능력을 말한다.

'실천적 사고'는 머릿속으로 생각한 것을 현실에서 실천을 위해 필요한 과정과 절차를 헤아리고 판단하며 궁리하는 사고를 일컫는다. 간단히 말해서 생각했던 것을 실제로 행동하기 위한 사고의 과정을 의미한다.

지금까지의 교육과정에서 놓친 부분이 있다면 바로 이 대목이 아닐까 판단한다. 실천적 사고는 삶을 위한 교육의 본질이자 핵심이다. '앎'과 '삶'이 일치하는 교육이 우리 교육공동체에서 이뤄져야 하는 배움의 궁극적 목표에 해당한다.

새롭게 개정되는 2022 개정 교육과정이 기능적인 인간의 모습을 추구하는 한, '삶'을 위한 교육과정과는 유리될 수밖에 없다. 이를 극복하기 위한 차원에서 '사유(思惟)할 수 있는 민주시민'이라는 인간상을 교육목표로 설정하는 것이 바람직할 것이다. 그리고 이 '사유'할 수 있는 인간의 구체적 조건은 '공감', '비판', '창의', '실천'이라는 사고역량이 될 것이다.

● 성취기준의 양적, 질적 차원에서 전면적 혁신 필요

성취기준의 전면적 혁신이란 양적인 면에서 현재 과도한 성취기준을 대폭 축소하는 것은 물론이고 질적인 면에서도 교육과정이 추구하는 인간상을 달성할 수 있는, 상세하고도 교실 현장의 변화를 도모할 수 있는 기술을 포괄한다.

현재 교과목별로 제시된 성취기준은 양적인 측면에서 지나칠 정도로 과도하다. 성취기준의 중요도와 위계 및 정합성을 고려하여 상호 간섭되거나 충돌하는 것은 통합하거나 과감하게 폐지함으로써 질적인 교육과정으로 나아갈 수 있도록 과감한 통폐합이 필요하다.

● 성취기준의 구체적 기술에 포함해야 하는 진술 방식

2015 교육과정에서 제시한 현재의 성취기준은 교과서 집필과 교실에서의 수업 장면에 결정적 영향을 끼친다는 사실을 이해할 필요가 있다. 작품을 읽고 삶을 성찰하는 태도는 교과서 집필진이 제시하는 활동을 따라가며 구현된다. 따라서 읽는 행위와 성찰하는 태도가 학습자의 주체적 탐구와 토론을 바탕으로 진행할 당위가 존재하지 않는다.

해당 성취기준에 도달하기 위한 학습활동과 평가가 어떤 식으로 구현되었는가를 살펴보면 교과서별로 대동소이한 방식으로 전개하고 있다. 구체적인 발표와 토론의 모델로 활동이 구현된 경우가 드물다. 그렇다면 성취기준 제시에서부터 구체적이고 명료한 교수학습방법을 제안하는 방식도 적극적으로 고려할 필요가 있겠다. 그렇다면 어떤 방식의 성취기준 제시가 가능한가에 대한 고민이 필요하다.

● 최소 성취기준만 제시하고 교과서 자유발행제 위한 징검다리까지 고민해야

2022 교육과정에서는 교과목별로 2015 교육과정에서 제시했던 성취기준을 정밀하게 분석해야 한다. 재구성 과정을 거친 후에는 성취기준을 새롭게 만들 수도 있다. 기존 성취기준 가운데 불필요한 요소는 삭제할 수도 있을 것이다.

그렇다면 이제 성취기준을 통합하거나 삭제하는 과정을 통해 교과목의 학습량은 적정한지, 난이도는 적정한지 현장 교사들을 중심으로 성취기준을 분석하고 정리하는 과정이 필요하다.

교과서 자유발행제의 과도기적 단계의 모델은 성취기준만을 제시하는 방안이다. 대신 현행 검인정 교과서의 성취기준별 내용을 국가가 플랫폼을 구축해서 교사가 자유롭게 교과서를 선택하여 활용할 수 있도록 돕는 방안이다. 이렇게 되면 종이로 된 교과서가 아니더라도 전자책 형태의 교과서를 활용할 수 있다.

학습자의 입장은 교과서 비용을 개별적으로 지출하지 않고 국가가 대신해서 일정 비용을 전자출판 허용에 따른 인세 형태로 출판사에 지급하면 된다. 이 과정은 교과서 자유발행제로 이행하기 위한 과도기적 단계의 모델이라고 할 수 있을 것이다. 2022 교육과정 개편은 멀리까지 내다보고 해야 하는 작업이다. 긴 호흡과 통찰력이 필요한 작업이다.

※ '사유(思惟)'는 생각하고 이치를 탐구하는 것이다. 그런가 하면 개념, 구성, 판단 등을 하는 인간의 지적 작용도 사유의 범주에 속한다. 마찬가지로 대상을 분별하는 일도 사유에 해당한다. 이를 바탕으로 민주시민의 역량을 갖춘다면 더할 나위 없다. 이렇게 사유하는 민주시민을 양성하는 것이 이 시대의 인간상이 되어야 하지 않을까.

2022년,
'4 · 16 교육과정'을 고시하라

차라리 안내하지 않았다면. 차라리 방송하지 않았다면. 차라리 지시하지 않았다면. 차라리 가르치지 않았다면. 차마 인정할 수 없는 현실이었고, 차마 눈 뜨곤 볼 수 없는 장면이었다. 참사가 준 충격과 상처는 만만치 않았다. 슬픔. 분노. 울분. 참혹함. 처참함. 괴로움. 그래서 2014년 4월 16일 세월호 참사는 우리에게 트라우마로 남았다.

국가란 무엇인가. 교육이란 또 무엇인가. 본질적 질문을 무수히 던졌다. 안전에 대한 경각심을 넘어 어쩌면 우리 아이들에게 무조건 순응하며 수동적 자세를 요구하는 교육만 강조하지 않았던가에 대한 성찰이 필요했다. 권위에 복종하도록 가르친 것은 아닐까. 전문가의 지시라면 비판적 사고 내지 주관적 판단을 배제한 채, 가급적 순응하도록 가르쳤던 걸까.

참사가 던졌던 무수한 의문은 교육계에 본질적 물음과 영원한 과제를 던졌다. 어떤 권위일지라도, 비록 전문가일지라도, 아무리 사회 저명인사의 주장이나 발언일지라도 주체가 비판적으로 생각하고 합리적으로 판단하여 수용할 수 있는 교육을 했었던가. 만일 그랬다면, 그렇게 가르쳤더라면 세월호 참사가 벌어졌던 아침, 우리 아이들이 조금은 더 주체적으로 위중한 상황을 인식하고 스스로 판단하기 위해 움직였을까. 교육공동체에 몸담은 우리의 문제의식은 이로부터 출발해야 하지 않을까.

우리는 어쩌면 여전히 교사 위주의 일방적 지식전달을 위한 수업설계와 평가로 공인된 권위에 복종하도록 가르치고 있는 건 아닌가. 국가는 지금도 획일적 교육과정과 각종 지침을 바탕으로 학생 개인의 개성과 특수성 그리고 다양성을 배려하지 못한 채 그때나 지금이나 여전히 구태의연한 방식으로 우리 아이들을 지도하고 있지 않은가. 참사 이후 만 5년이 지났다. 우리 교육은 어떻게 변화했고 어디쯤 왔는가. 세월호 참사가 우리에게 던진 과제는 교육과정 혁신 그 이상의 무엇을 요구한다. 단순한 지식전달 위주의 수업에서 학생의 역할은 수동적 자세로 남게 된다. 일방적인 지시를 수용할 뿐이다. 전달된 내용을 얼마나 정확하게 잘 따라 반응하는가에 따라 평가가 이뤄진다. 비판적이고 독창적인 관점과 창의적인 자세나 태도를 그다지 필요로 하지 않는다. 전달자인 교사의 의도와 심중을 얼마나 잘 파악하고 있는지 여부가 평가의 핵심이다. 그나마 2015 교육과정에서는 발표와 토론 그리고 프로젝트 위주의 학습법을 구현하기 위한 교육과정을 다소나마 고민했던 흔적이 보인다.

그러나 실상을 들여다보면 교과목별 성취기준은 여전히 교사 위주의 일방적 주입식 수업으로 진행해도 무방한 내용을 중심으로 제시하고 있다. 특정 과제를 중심으로 깊이 있는 탐구와 발표를 하고 교사와 학생이 서로 토론하며 성취기준에 도달하기 위한 구체적 진술이 성취기준에 담겨야 한다. 그런 이유로 2015 교육과정을 넘어서는 새로운 교육과정 수립을 위한 연구와 토론을 심도 있고 광범위하게 진행해야 한다. 교육과정 총론에서 제시하는 인간상과 핵심역량 그리고 이를 달성하기 위해 구체적으로 제시하는 성취기준 고시 내용이 명료해야 한다. 또한 학습 방법을 구현할 수 있도록 배려하는 성취기준 진술이 이루어져야 한다.

이를 '4·16 교육과정' 내지 '세월호 교육과정'이라고 명명해도 좋을 만큼의 충분한 함의를 지닌다고 확신한다. 현재까지 진행했던 그 어떤 개정 교육과정보다 현실적 요구와 필요성이 충분하다. 4·16 참사로 금쪽같은 자식을 잃은 세월호 가족, 제자들의 참사를 가슴에 묻어야 했던 교원들, 동시대 친구를 잃은 젊은 세대, 정신적 상흔을 입은 채 살아가는 국민을 위한 치유 과정이 반드시 필요하다. 다음 세대를 보호하지 못한 국가와 사회가 책임을 통감한다면 반드시 집행해야 할 예우이자 정당한 처우가 될 것임을 잊어서는 안 된다.

19세기에 고안된 교실에서, 20세기에 태어난 교사들이, 21세기를 살아가는 아이들을 가르치고 있는 현실도 당황스럽지만 18세기 산업혁명 이후 산업화 시대에서나 필요했던 동일 품종 대량생산에 기반한 교수법을 여전히 고수하며 가르치는 현실에서 하루빨리 벗어날 수 있을 때, 우리는 희망을 말할 수 있다. 4·16 교육과정이 필요한 시점이 되었다.

※ 4.16 세월호 참사는 우리에게 가르침과 배움에 대한 근본적 의문을 던졌다. 우리 교육은 비판적 사고능력과 주체적 판단에 따른 문제 제기를 교육과정에서 제대로 가르쳤는가. 행여나 권위에 복종하도록 요구하거나 가르치지는 않았던가. 성찰하고 거듭나야 한다. 이 땅에서 나고 자랄 우리 아이들을 위해서.

6장

학생 · 학부모 · 교사
교육권

바보야,
본질은 학급당 학생 수 축소야

영국 토니 블레어 총리는 대선 공약으로 첫째도 교육, 둘째도 교육, 셋째도 교육이라는 구호를 외쳤다. 놀라운 것은 "학급당 학생 수 25명 미만"이라는 구체적 정책 공약을 내걸었다. 당시 영국인들은 물론이고 많은 이가 학급당 학생 수 25명 미만이 무슨 의미인지 몰랐다. 공약이 던진 의미는 이젠 영국 사회도 계층의 이동이 가능한 사회로 들어가는 첨경을 만들겠다는 공교육 혁신의 강력한 의지 표현이었다. 물론 블레어 총리의 교육 혁신이 결과적으로 성공했느냐 실패했느냐는 별개 문제이다. 접근 방식에선 본질을 명확하게 꿰뚫고 있었다는 사실이다.

코로나19의 폭발적 증가로 대유행 우려마저 감돌고 있는 우리나라 상황에선 더욱 그렇다. 2학기 개학을 앞두고 대유행 조짐이 곳곳에서 감지되고 있다. 2학기에도 사회적 거리두기를 위한 순차 등교가 불가피하다. 선택의 문제가 아닌 상황이다. 앞으로 얼마나 더 지속할 것인지도 예측 불가능하다. 순차 등교의 가장 큰 피해는 중산층 이하의 가정에서 발생한다. 온라인 수업의 가장 큰 피해는 가정 내 돌봄 환경이 갖춰지지 못한 취약계층에 직격탄이 될 수밖에 없다. 고소득층은 사교육을 통해 충분한 보완이 가능하다. 등교 불가능한 상황이 지속되면 교육격차는 심화된다. 부모 세대 소득격차가 자녀 세대 교육격차로 이어지는 악순환의 고리를 끊어내기 어렵다.

유일하고 본질적인 대안은 공교육 질을 사교육 이상으로 끌어올리는 길이다. 이것이 유일한 대안이다. 코로나19 국가재난 상황이 아니었어도 현재 적용하는 2015 교육과정의 운영을 위해선 학급당 학생 수가 20명 미만이었어야 했다. 지난 20년이 넘게 역대 어느 정부에서도 학급당 학생 수 감축을 위해 투입된 교육재정은 없었다. 국가부도 사태였던 외환위기(IMF 금융위기) 상황에서도 김대중 정부는 학급당 학생 수를 35명 이하로 과감하게 감축했다. 강력한 의지로 교육 여건을 개선했다. 돌이켜 보니 탁월한 정책 판단이자 결정이었다. 그 후론 교육 여건을 개선하기 위한 교육재정을 투입하지 않고 있다. 논리는 단순하다. "학령인구가 감소하는데 왜 교육재정을 늘리는가."라는 기획재정부 논리였다. 같은 수준과 논리로 묻는다. "학령인구가 감소하면 군 복무 인력도 줄어든다. 그럼 국방 예산도 감축해야 하는가." 교육 예산을 줄이는데 국방 예산을 줄이지 못하면 얼마나 모순적이고 근시안적 판단인가.

코로나19 상황에서 가장 시급한 교육정책은 순차 등교 일정을 짜는 것이 아니다. 빛 좋은 개살구와 같은 그린 스마트 교육 환경 개선 정책도 아니다. '바보야, 문제는 학급당 학생 수 감축이야.' 이를 통해 공교육의 질을 획기적으로 개선해야 한다. 모든 교육재정 가운데 1순위가 되어야 하는 정책은 학급당 학생 수 감축이다. 20명 미만의 학생이 20평 남짓한 교실에 전원이 등교해도 사회적 거리두기가 가능해야 한다. 매일 등교해서 수업을 들을 수 있어야 교육격차와 경제적 불평등 및 계층 양극화를 해소할 수 있다. 비단 코로나 상황이 아니었어도 진작에 그래야 했다. 항상 제때해야 했을 일을 하지 못한 결과로 값비싼 수업료를 내면서 사회적 혼란을 경험하고 있다. 참으로 우울하고 암울한 현실이다. 내년도 예산안을 편성하는 막바지 시점에 이르렀다. 기획재정부에서 최종 검토 중인 예산안 어디에도 내년도 학급당 학생 수 감축을 위한 예산은 편성되어 있지 않다. 우리는 얼마나 더 이 고통스러운 현실을 그저 감내만 해야 하는가. 양극화와 교육격차를 근심하고 걱정하는 것은 왜 언제나 힘없는 우리의 몫인가.

※ 학급당 학생 수를 줄이는 것은 배려가 필요한 학생들에 더욱 집중할 수 있는 길이자 교육 양극화 해소의 지름길이다. 낙인효과 없이도 교육격차를 해소할 수 있는 최고의 정책이다.

학급당 학생 수를
OECD 평균 수준 이상으로 끌어올려야

—개인별 맞춤형 교육과정과 수업 혁신 없이 교원 감축 운운

    교원 1인당 학생 수를 산정할 때 가장 큰 통계의 오류는 실제 교실에서 수업을 담당하지 않는 교원 숫자를 포함하고 있다는 사실이다. 휴직 교원과 이를 대체하기 위해 채용한 기간제 교원도 이중으로 계산해서 교사 1인당 학생 수를 산출한다. 이뿐만 아니다. 영양교사, 상담교사, 보건교사, 사서교사 등을 교사 정원에 포함해 계산한다. 학급당 학생 수 통계도 실상은 정확한 통계수치로 보기 어렵다. 교원 정원 산정 기준도 '교원 1인당 학생수'에서 '학급당 교사 수'로 전환해 법정 정원제를 도입해야 한다.

    학급 수 기준 법정 교원 확보율은 김대중 정부에서 84%였다. 노무현 정부에서는 82%였고, 이명박 정부에 이르러서는 급기야 70%대로 떨어졌다. 그러다가 박근혜 정부 2013년 교원 정원 산정 기준을 학급 수에서 학생 수로 바꾸는 초·중·등 교육법 시행령을 개정했다. 교원의 법정 정원 관련 조항은 사실상 삭제되었다. 교원 정원의 산정 기준이 학생 수로 전환되면서 교원 수급에 문제가 양산됐다.

정부는 학령인구 감소를 주장하며 교원 감축에 나서고 있다. 그러나 통계청 학령인구 추이에 따르면, 초등학생 학령인구는 2013년, 중학생 학령인구는 2017년, 고등학생 학령인구는 2020년부터 일정 수준을 유지한다는 사실을 확인할 수 있다. 이는 학령인구 감소가 일정한 정체기에 접어들어 있기에 교원수급정책에서 학령인구 변인보다는 그동안 외면해 온 학급당 학생 수 감축과 개인별 맞춤형 교육과정 혁신 등 교육여건 개선을 중심으로 교원수급정책을 마련해야 할 시기임을 보여 준다.

　학급당 학생 수 감축은 개인별 맞춤형 교육과정을 위한 수업혁신과 교육여건 개선의 토대이다. 현재 심각해지는 교육격차 해소를 위한 가장 기본적인 정책이다. 학교 혁신을 위해 학생 개인별 개별화된 지원이 시급한 상황이다. 기초학력 미달로 판정된 학생들을 지도하기 위해서도 현재와 같은 규모의 학급당 학생 수로는 교사 1인의 개별지도는 불가능한 현실이다. 동시에 수업혁신을 이뤄 내야 하는 현실에서 학급당 학생 수를 OECD 평균 수준 이상으로 끌어올리는 것은 정부에게 주어진 국가적 사명이다.

　미래 사회는 무한 경쟁 사회가 될 것이다. 치열한 국제 경쟁에서 살아남을 수 있는 유일한 방법은 오직 '인재'를 길러 내는 길이다. 그런 점에서 '사람'에 대한 투자는 대한민국의 운명을 결정짓는 중요한 잣대가 될 것이다. 향후 5년간 6만 6천여 명의 교원이 추가로 필요하다. 이를 위해 매년 7400억 원씩 5년간 3조 7천 2백억 원(교원 24호봉 기준)의 추가재원이 필요한 상황이다. 연간 사교육비 20조 원을 쏟아붓는 대한민국에서 공교육 혁신과 미래를 위한 투자 비용으로 연간 7400억 원을 투자하는 것이 과하다고 판단하거나 재원 마련에 인색한 정부라면 미래를 포기한 것으로밖에 볼 수 없다.

　미래를 위한 투자, 어떻게 해야 할까. 과거 부모 세대가 허리 휘도록 일해 소 팔고 집 팔아서 자식 교육에 헌신했다. 오늘날도 예외는 아니다. 퇴직 이후 노년을 준비하기도 벅찬 현실에서 자식 교육이라면 투자를 아끼지 않았던 부모 세대의 헌신과 노력이 있었기에 오늘날 우리는 세계 10위권의 경제 규모를 자랑하는 나라가 되었고 소득 3만 달러 시대를 열었다. 매년 사교육비 지출로 20조가 지출되고 있는 지금, 우리 공교육을 위해선 어느 정도 투자를 하는 것이 바람직한가. 학령인구 감소는 우리에게 가해진 위기 상황이다. 위기는 위험이자 또 다른 기회를 뜻한다. 우리는 어떤 선택을 해야 할까. 국가란 무엇인가. 다시금 되묻지 않을 수 없다.

　※ 우리가 꿈꾸는, 학급당 학생 수 20명의 의미는, 교사가 그만큼 학생 개인에 더 집중할 수 있는 여건이 마련된다는 뜻이다. 교육복지 대상이 되는 학생에게 낙인효과 없이 밀착 지도가 가능한 상황이 마련된다. 교육 격차가 줄어든다는 뜻이다. 학급당 학생 수 20명 상한제는 양극화를 해소하고 교육을 통해 계층 이동이 가능해지는 사회를 구성하기 위한 첫걸음이다.

무엇이 시급한가, '그린 스마트 학교'와
'학급당 학생 수 감축'

    교육부와 시·도교육청이 한국판 뉴딜 대표과제로 '그린 스마트 스쿨' 계획을 본격 추진하기로 했다. 노후학교를 디지털과 친환경 기반 첨단학교로 전환하고, 언제 어디서든 온·오프라인 융합 교육이 가능한 환경을 구축하기 위한 목적이라 한다. 2025년까지 국비 5조 5000억 원과 지방비 13조 원 등 총사업비 18조 5000억 원이 투입된다.

    코로나19 대유행의 조짐을 보이면서 등교 개학이 연기되고 있다. 그 가운데서도 서울, 경기, 인천 등 수도권에서 확산세가 심상치 않다. 수도권에서 폭발적으로 증가하고 있는 감염자 확산세가 통제 범위를 넘어서고 있다. 이에 따른 사회적 거리 두기 2단계 조치로 수도권 유·초·중학교는 1/3, 고등학교는 2/3 등교를 원칙으로 하라는 지침이 내려졌다. 1학기 때와 같이 고3 수험생을 제외하곤 주당 1~2회 등교로 다시 돌아가야만 하는 상황이다.

    우리는 이미 순차 등교와 온라인 학습이 초래한 교육격차와 가정 내 자녀 돌봄과 관련해서 학부모들의 고충과 절규를 경험했다. 코로나19 국가 재난 상황도 장기화할 것으로 예상한다. 올해 초 감염병 전문가들은 가을 대유행을 이미 예고했다. 우리는 두 가지 사회적 원칙에 합의했다. 첫째, 학생 생명과 건강을 최우선에 둔다. 둘째, 감염병 전문가의 판단을 존중하겠다.

지금도 여전히 유효한 원칙인지 점검이 우선 필요하다. 두 가지 원칙을 존중하는 정책적 판단이라면 그린 스마트 스쿨 계획이 우선순위일 수 없다. 학생들이 매일 등교해서 학습격차에 대한 우려와 가정에서 자녀를 돌봐야 하는 학부모들의 부담을 덜어 주는 것이 정책의 우선이다. 노후학교를 첨단학교로 전환하는 사업도 중요하고 학교를 새롭게 리모델링하는 것도 물론 중요하다. 하지만 그보다 시급한 과제는 모든 학생이 매일 등교할 수 있는 교육 여건을 서둘러 마련해야 한다.

학급당 학생 수를 줄이는 문제는 학습격차와 돌봄 문제 해결만을 위한 것이 아니다. 현재 적용하고 있는 2015 개정 교육과정의 효과적 운영을 위해서도 학급당 학생 수가 20명을 넘어선 학습 효과를 기대하기 어렵다. 향후 고교학점제를 도입하기 위해서도 학급당 학생 수를 20명 미만으로 상한제를 도입하는 것은 시급한 과제이다. 교육부와 기재부는 학급당 학생 수를 20명 미만 상한제 도입을 위해 필요한 재원 마련에 서둘러 나서야 한다.

"학령인구가 감소하고 있으니 교육재정도 축소해야 한다."라는 논리를 앞세우는 기획재정부 판단은 대단히 위험하고 안이한 발상이다. 같은 논리로 판단하자면 학령인구가 줄어들고 있으니 국방의 의무를 다해야 하는 청년들도 감소하고 있다. 사정이 이러하다면 국방 예산도 마땅히 축소해야 옳단 말인가. 그럴수록 사람을 대체할 수 있는 고도의 첨단 장비를 구축하고 미래전 대비 전략무기 고도화 전략과 그에 맞는 예산 증액이 필요한 것이다.

교육도 마찬가지다. 학령인구가 감소한다는 논리로 언제까지 교육 여건 개선을 위한 투자에 소홀할 것인지 되짚어 볼 필요가 있다. 고교학점제 이후 전개될 미래형 교육과정은 학생 개인별 맞춤형 교육과정이다. 언제까지 학령인구 자연 감소분만 기대하면서 교육 여건 개선을 한없이 미룰 수 있겠는가. 더는 미룰 수 없는 중차대한 과제임을 먼저 인식해야 한다. 그 주체는 기획재정부가 되어야 한다. 교육부의 상황인식과 교육재정에 대한 요구도 훨씬 더 적극성을 띠어야 한다. 김대중 정부에서 IMF 국가 부도 상황에서도 학급당 학생 수를 35명으로 맞추기 위해 교육재정에 투자했던 사실이 눈부시다. 위기를 기회로 삼는 지혜가 필요한 시점이다.

※ 국가부도 사태였던 IMF 구제금융 위기 당시, 김대중 정부 한완상 총리가 학급당 학생 수를 감축해야 한다고 보고를 했고 김대중 대통령은 흔쾌히 동의했다. 한 학급 인원이 60명을 넘겼던 교실에서 학급당 학생 수를 30명대로 줄이기 위한 첫걸음이었다. 그 어렵던 시기에 탁월한 혜안이 없었다면 결정하기 쉽지 않은 정책이었다. 그때나 지금이나 교실 크기는

변함이 없다. 60명이 한 교실에서 배울 때는 표준화된 교육과정을 누구에게가 똑같이 교사 위주의 주입식 강의를 진행했다. 학생의 입장이나 상황에 대한 고려는 물론이고 학생 인권도 심각한 지경이었다. 미래 사회 치열한 국제 경쟁에서 살아남기 위한 동력은 교육 말고는 기대하기 어려운 것이 우리가 처한 현실이다. 통찰력과 혜안이 필요한 세상이다.

학령인구 감소,
교사 수 정녕 줄여야 합니까?

'모든 아이는 우리 모두의 아이'라는 문구가 교육부 누리집에서 확인된다. 교육부만 아니라 많은 교육기관이 '단 한 명의 아이도 포기하지 않겠습니다.'라는 표현을 자주 사용한다. 이 약속을 지키기 위해 가정 먼저 관심과 배려가 필요한 부분이 있다면 무엇일까. 그것은 교육환경을 개선하는 문제이다. 우리 아이들이 살아갈 세상은 너무나도 빠른 속도로 변화하고 있다. 미래를 대비하기 위한 가장 완벽한 투자는 교육에 투자하는 것이다. 오직 인재 양성을 통해 국제경쟁력을 도모하는 길 외에는 다른 방법이 없다.

그러나 문재인 정부는 학령인구 감소를 주장하며 교육 재정과 교원 수 감축에 나서려는 움직임을 보인다. 기획재정부 장관은 "학령인구 감소에 대응해 교원 수급 체계를 개선할 계획"을 가지고 있음을 밝혔다. 기재부 2차관도 '2019~2023년 국가재정 운용계획 수립을 위한 공개토론회'에서 "학생 수 감소와 상관없이 고정비율로 지속 지원되는 교육 재정이 재정 운용의 효율성을 떨어뜨리고 있다."라며 교육재정 감축의 필요성을 언급했다. 유은혜 교육부 장관만이 "학령인구가 준다고 교육투자를 줄이는 것은 바람직하지 않다."라는 견해를 밝혔다.

통계청 학령인구 추이에 따르면, 초등학생 학령인구는 2013년, 중학생 학령인구는 2017년, 고등학생 학령인구는 2020년부터 일정 기간 비슷한 수준을 유지한다는 점을 확인할 수 있다. 이는 학령인구 감소가 일정한 정체기에 접어들어 있기에 교원수급정책에서 학령인구 변인보다는 그동안 외면해 온 학급당 학생 수 감축과 개인별 맞춤형 교육과정 혁신 등 교육여건 개선을 중심으로 교원수급정책을 마련해야 할 시기임을 보여 준다. 아울러 학교 비정규직 문제 해결을 위한 적기이기도 하다.

사정이 이러함에도 기획재정부 관리들의 현실 인식은 대단히 안이하다. 안이하다 못해 미래 사회에 대한 통찰력이 부재하다는 비판을 면하기 어렵다. 다른 분야 예산을 삭감하더라도 교육 분야만큼은 효율성 논리를 넘어 미래에 대한 비전과 안목을 지니고 과감하게 투자해야 한다. 그러나 유감스럽게도 기재부 관료들에겐 그런 탁견이 통하질 않는다. 학급당 학생 수 감축의 의미는 국가의 장래를 책임질 미래 인적 자원을 사전에 확보하고 그들에게 모든 정성을 쏟아붓는 일이다. 얼마 전에 징검다리 교육공동체에서 진행한 토론회에 참석한 초등학교 교사의 호소가 귀에 쟁쟁하다.

"초등학교는 학생별로 개별화된 지도를 하려고 애쓴다. 선생님들이 공동연구나 수업 발표 등에서도 개별화를 하지 않으면 학부모들로부터 민원이 들어온다. 특히 저학년 선생님들은 한 명, 한 명에 집중하지 않을 수 없다. … 이때 '자발성'과 '내재적 동기'가 가장 중요하다. 그런데 현실을 돌아보면, 시흥 공단지구에는 다문화 학생이 전교생의 70% 이상인 학교도 있다. 가정통신문을 보내도 의사소통이 안 된다. 거의 방치된 상태다. 입학 전 시기에 가정 내 학습 조력이 필요한데 부모님들이 처한 상황은 힘들다. 대부분 맞벌이다. 아이들은 학교에 안 온다. 전화를 해 보면 자고 있다. 1 대 1의 학습 조력을 받을 수 있는 시스템을 마련해야 한다."

상황이 초등학교만 그런가. 그렇지 않다. 중학교, 고등학교도 상황과 여건은 이와 별반 다르지 않다. 학생 개인별 지도가 가능한 여건인가. 그렇지 못하다. 개인별 맞춤형 교육과정을 위한 수업 혁신과 교육여건 개선이 무엇보다 중요한 이유이다. 현재 점점 더 심각해지고 있는 계층 간 교육격차 해소를 위해 가장 기본적인 정책이 바로 학급당 학생 수를 줄이는 정책이다. 학교 혁신을 위해서는 학생 개인별로 개별화된 지원이 시급한 상황이다. 사회적 문제라며 주목했던 기초학력 미달 문제도 그렇다. 기초학력 미달로 판정된 학생들을 지도하기 위해서는 현재와 같은 규모의 학급당 학생 수로는 교사 1인의 개별지도가 사실상 불가능하다. 이것이 엄연한 현실이다.

동시에 수업 혁신을 이루어 내야 하는 현실에서 학급당 학생 수를 OECD 평균 수준 이상으로 끌어올리는 것은 정부에게 주어진 국가적 사명이다. 상황이 이러함에도 학급당 학생 수를 더 줄이지 않겠다는 건 미래를 포기하겠다는 선언과 다르지 않다. 학급 수를 기준으로 법정 교원 확보율은 김대중 정부에서 84%였다. 노무현 정부에서는 82%로 떨어졌다. 이명박 정부에 이르러서는 급기야 70%대로 떨어졌다. 그러다가 박근혜 정부에 들어서 2013년 교원 정원산정 기준을 학급 수에서 학생 수로 바꾸는 초·중등교육법 시행령을 개정했다. 교원의 법정 정원 관련 조항은 사실상 삭제되었다. 교원 정원산정 기준이 학생 수로 전환되면서 교원 수급에 문제가 양산됐다. 이 문제를 선제적으로 해결하지 않는다면 교육에서 희망을 찾기 어렵다. 대통령이 언급한 교육의 공정성은 이런 현실을 개선하는 것에서부터 시작해야 한다.

미래 사회는 무한 경쟁 사회가 될 것이다. 치열한 국제 경쟁에서 살아남을 수 있는 유일한 방법은 오직 '인재'를 길러 내는 길이다. 그런 점에서 '사람'에 대한 투자는 대한민국의 운명을 결정짓는 중요한 잣대가 될 것이다. 우리가 지향해야 할 최소한의 목표는 향후 5년간 6만 6000여 명의 교원이 추가로 필요하다. 이를 위해 매년 7400억 원씩 5년간 3조 7200억(교원 24호봉 기준) 원의 추가 재원이 필요한 상황이다. 연간 사교육비 20조 원을 쏟아붓는 대한민국에서 공교육 혁신과 미래를 위한 투자 비용으로 연간 7400억 원을 투자하는 것이 과하다고 판단하거나 재원 마련에 인색한 정부라면 미래를 포기한 것이다.

교육의 불공정함을 개선하기 위한 노력은 학급당 학생 수 감축부터 시작해야 한다. 그래야만 진정성을 인정할 수 있다.

※ 출생인구가 줄어들면 국방 예산도 줄여야 할까? 기재부는 학령인구가 감소하는 추세인데, 교육 예산을 왜 늘리느냐며 항상 삭감에 앞장선다. 올바른 접근일까. 현재의 교육여건을 유지한다는 전제 아래서는 옳다고 주장할 수 있다. 그러나 이제 교육은 달라져야 한다. 교사가 칠판에 쓰며 일방적으로 전달하는 방식의 수업은 20세기 수업방식이었다. 지금도 그런 식의 수업을 하라고 요구한다면 우리 교육은 희망이 없다. 누구나 잘 알고 있듯이 발표와 토론이 중심이 되고 다양한 글쓰기를 통해 공동의 프로젝트를 달성하며 학습자의 창의적 생각을 표현하는 교육을 수행해야 한다. 앞으로는 고교학점제 등과 같이 학생 개인별 맞춤형 교육과정을 운영해야 한다. 그런데 학생 개인별 교육과정을 지도하면서 학급당 학생 수가 20명이 넘는다면 가능할까? 불가능하다고 단언할 수 있다. 그래서 학급당 학생 수를 줄여 줘야 한다.

만 18세 선거권 부여,
청소년 주권 시대를 선포하라

교실의 정치화는 우려할 일이 아니다. 오히려 권장하고 환영할 일이다. 교실 정치화 우려는 한마디로 시대착오적 인식이자 반응이다. 학교에서 '삶'에 대해 그리고 '정치'에 대해 배우고 토론해 본 경험도 없는 기성세대가 만들어 놓은 지금의 정치 현실은 어떤가. 부끄럽지 않은지. 되짚어 보고 성찰해야 할 지점이다. '정치'가 무엇이고 '선거'가 무엇인지조차 학교에서 제대로 배우지 못한 채, 기성세대가 되어 버린 현실이 과연 바람직하다고 생각하는가.

학생은 통제의 대상이 아니다. 동등한 시민으로 개개인의 인격체로 바라보고 대우해야 한다. 만 18세 학생선거권 문제의 본질은 학생들이 아직 준비되지 않았다는 우려와 비판이다. 이에 동의하기 어렵다. 냉정하게 평가하자면 정작 준비되지 못한 것은 학생을 통제 대상이라고 생각하고 있는 기성세대의 인식과 시각이다. 전 세계의 많은 선진국이 왜 만 18세 학생들에게 선거권을 부여하고 있는지 생각해 볼 일이다.

선진국의 척도라 할 수 있는 OECD 회원국 가운데서도 가장 뒤늦게 만 18세 학생들에게 선거권을 부여한 나라가 바로 우리나라다. 부끄러운 현실인 동시에 그나마 늦었지만 환영할 일이 분명하다. 독일 사회가 세계에서 가장 수준 높은 정치의식을 가질 수 있었던 배경에는 바로 초등학교에서부터 '정치교육', 말하자면 '민주시민교육'을 체계적으로 실시했기 때문이다. 이러한 교육환경에서 성장한 결과에 기인한다. 독일에서 '난민' 송환이 심각한 사회 문제로 대두됐을 때, 독일의 초등학생들은 "어떤 인간도 불법적 인간은 없다."라고 쓴 푯말을 들고 시위에 나섰다. 우리는 어떠했는가. 성인들조차 '난민' 문제를 어떻게 접근해야 하며, 어떠한 해결책을 모색해야 하는지를 두고 갑론을박을 이어 갔던 모습이 떠오른다. 난민 송환을 반대하는 독일 초등학생들의 모습을 보며 '사유(思惟)'의 힘과 정치교육이 교과서나 교실에서 끝나는 것이 아니라 실제 삶 속으로 깊이 파고든 독일 정치교육의 저력에 감동을 느끼게 된다.

　만 18세 선거권 부여로 말미암아 교실의 정치화가 우려된다고 하는 선동과 민주시민으로서 태도와 역량을 갖추게 될 것이라는 판단은 엄연히 다르다. 즉 '사유'의 힘을 길러 주는 교육이 절실한 시점이다. '사유'할 수 있는 민주시민 양성이 우리에게 주어진 소명이자 사명인 셈이다. 정치 혐오에 근거하는 현재의 시스템과 제도로는 내일의 희망을 말할 수 없다. 북유럽이나 정치 선진국은 30대 나이에 총리가 배출되기도 하고 40대에 대통령이 되기도 한다. 이른 나이에 국가지도자로 배출되는 경우가 드물지 않다. 제도와 시스템이 만든 결과다. 그런 점에서 이번 18세 선거권 부여가 갖는 의미가 실로 지대하다. 18세에 정당가입을 해서 20년간 정당

활동과 정치활동을 경험하면 30대 후반이 된다. 20년간 현장 정치경험이 쌓이고 쌓여서 결국 30대의 젊은 나이에 총리가 되고, 40대 이른 나이에 한 나라의 대통령이 되기도 하는 것이다. 하루아침에 젊고 유능한 지도자가 등장하는 건 절대 아니다. 세대교체는 이렇게 오랜 세월을 두고 이루어질 것이다. 실제 미국, 영국, 캐나다, 독일, 스웨덴, 덴마크, 핀란드, 일본 등은 사전에 모의선거교육을 실시하는 나라들이다. 그렇게 해도 아무런 문제가 발생하지 않는다. 심지어는 북한조차도 만 17세가 되면 선거권을 부여한다. 미국은 '투표지원법'을 통해 학생 투표자에게 보조금을 지급하도록 법으로 보장한다. 캐나다는 연방선거에 앞서 6000개가 넘는 학교에서 92만여 명의 학생들이 모의선거 투표에 참여했다. 그런가하면 독일은 2022년이 되면 전국의 모든 중학교와 고등학교 학생 100%가 모의선거투표에 참여하도록 국가정책으로 추진하고 있다.

지구촌 곳곳에서 확인할 수 있듯이 정치 선진국에서는 미래세대 주역인 청소년 참정권을 철저히 보장하고 있다. 하지만 우리나라는 안타깝게도 기성세대의 성찰과 공감으로 만 18세 학생선거권이 부여된 것이 아니다. 철저하게 청소년들이 자발적 노력과 힘으로 성취해 낸 결과였다는 점에서 찬사와 박수를 보낸다. 촛불청소년인권법제정연대 등의 청소년 시민 활동가들의 노력이 빙벽과도 같았던 현실의 제약과 한계를 결국 무너뜨렸다. 참으로 대단한 쾌거이다.

우리 역사를 돌아봐도 일제강점기에 떨쳐 일어났던 광주학생운동, 반민주 독재 세력에 맞서 분연히 일어났던 4·19혁명, 국정농단의 참혹함을 참지 못하고 함께 떨쳐 일어났던 촛불혁명의 대열에도 10대 학생들이 굳건하게 자리를 지켰다. 올곧은 목소리로 부정과 거짓을 세상에 고발했던, 그리하여 역사를 관통하는 10대 학생들의 힘찬 외침이 또렷이 자리매김했다는 사실에 주목해야 한다. 그것이 우리의 역사이자 살아 있는 정신이었다. 더 이상 '삶'과 유리된 교육을 지속해선 안 된다. 청소년이 살아가야 하는 실제 '삶'을 위한 교육으로 대전환이 필요한 시점이다. '삶'을 위한 교육의 첫걸음. 만 18세 교복 입은 청소년들의 참정권 확립에서 비롯될 것이다. 이제 철저히 왜곡되고 질곡된 우리의 낡은 교육체제를 거부하고 '삶을 위한 교육, 더불어 행복한 교육시대'를 열어 가기 위해 분연히 떨쳐 일어서는 것이 우리 모두에게 주어진 과제이다.

※ 언제까지 학교는 '이론'으로만 배우는 곳이어야 하는가. 학교에서 배우는 다양한 이론과 지식이 실제 삶과 일치할 수 있을 때, 비로소 온전한 교육이 이뤄진다. 그러나 지금까지 우리 교육은 학교에서 배우는 내용과 실제 삶은 전혀 일치하지 않았다. 대통령도 국민과 약속을 어기면 탄핵을 당하는 세상인데, 학생회장이 학생들의 의견을 제대로 수렴해서 반영하지 못함에도 물러나지도 않고, 물러날 것을 요구하지도 못하는 세상이다. 왜냐면 입시 준비가 급한 나머지 학생회와 같은 자치활동이 무슨 의미가 있냐는 생각 때문이다. 교과서에서 배우는 내용은 살아 숨 쉬는 학교 공간에서도 일치되어야 한다. 교육과 삶이 일치하는 세상이 될 때, 자연스럽게 민주시민교육이 완성된다.

18세 선거권,
잔칫집에 재 뿌리는 선관위

　잔칫집에 초대받았다. 모든 구성원이 함께 축하하고 기뻐해야 하는 자리다. 그런데 한 참석자가 느닷없이, "이 자리에 참석한 여러분께 알려 드린다. 오늘 잔치에서 불미스러운 일이 벌어지면 당사자는 강력한 형사법상 처벌을 받게 될 것이다. 그리고 혹시라도 누군가 그런 장면을 목격한다면 바로 신고해라. 신고자에겐 최대 5억 원의 포상금을 지급하겠다."라고 큰 소리로 경고한다면 잔칫집 분위기는 어떻게 될까.

　최근 중앙선거관리위원회가 18세 청소년 선거권 시대가 열리자 학교 현장이 혼란스러워진다는 일부 여론의 눈치를 보며 내놓은 대책 가운데 일부가 이런 상황과 별반 다르지 않다. 18세 청소년을 주권자로 인정한 법안의 입법 취지가 무엇인지 곰곰이 생각해 보아야 한다. 늦었지만 우리 사회도 만 18세 청소년에게 주권을 행사하도록 배려함이 바람직하다는 사회적 합의를 거쳤다. 뿐만이 아니라 세계의 보편적 기준에서 보아도 합리적인 결정이었기에 매우 늦은 감이 있었으나 국회의 입법 과정을 통해 결정한 우리 사회 공동의 합의 정신이다. 그런데도 마치 '정치'와 '선거'가

혐오의 대상이라도 되는 양 요란스럽다. 교실이 정치판이 된다는 식의 거부감과 혐오의 감정을 거침없이 드러내고 있다. 도대체 정치가 무엇인가? 정치는 이리저리 꼬이고 얽힌 걸 바르게 만드는 것이다. 간단히 말해 갈등을 해결하는 것이 바로 정치인 셈이다.

그런데 아직도 부끄럽고 수치스러운 정치만을 정치라고 알고 있단 말인가. 혹은 아직도 정치는 삶과 유리되어, 저 멀리 존재하는 것으로, 평범한 시민이 아니라 불세출의 '영웅'이 나타나 세상을 한순간에 바꿔 주리라는 환상을 가지도록 유도한단 말인가. 혹시라도 이런 생각을 지니고 계신 분들이 있다면 미안하지만 이젠 역사의 뒤안길로 사라지기 위해 자리를 양보할 때가 됐다. 분명한 신호임을 자각해야 한다. 정치는 혐오의 대상이 아니라 가장 아름답고 지고지순한 인간관계의 미학이 되어야 한다는 사실을 초등학교, 중학교, 고등학교 교육과정에서부터 몸소 배우고 익혀야만 우리 사회의 정치가 맑아지는 법이다. 그런 교육을 초중고 시절 배우지 못했고 몸으로 체득하지 못했던 기성세대가 만들어 놓은 작금의 정치판을 우리는 너무나 생생하게 목격하고 있다. 이 고통에서 벗어나기 위해선 기성세대가 열린 마음으로 18세 선거권 인하를 진심으로 기뻐해야 한다. 동등한 주권을 지닌 시민으로 그들을 축하해 주고 함께 기뻐해야 옳다. 그들이야말로 기성세대와 다르다. 지연과 학연 등 구태의연한 선거 관습에서 벗어나 주권자의 양심과 소신에 따라 선거에 임할 수 있다.

18세, 잔치는 이미 시작됐다. 잔치에 초대받았거나 초대를 받지 못했거나 상관없다. 한 사회의 주권자로서 첫 선거에 나서는 이들에게 아낌없는 찬사와 박수를 보내는 게 기성세대의 도리이다. 그들의 10년 후, 20년 후를 꿈꿔 본다. 30대에 총리가 되고, 40대에 대통령이 될 그들의 세상에 찬사를 보내고 싶다. 어찌 보면 그들은 이미 모든 준비가 끝난 듯하다. 정작 마음의 준비가 되지 않은 것은 아직도 그들을 통제와 규제의 대상으로 바라보는 기성세대의 꼰대 정신이 아닐까. 곰곰이 생각해 볼 일이다. 우리는 꼰대인가, 아닌가. 한 가지 더. 우리 사회가 18세 선거권 시대가 갖는 입법 취지가 무엇인지 고민해야 한다. 선관위도 입법 취지에 맞게 18세 투표율을 높이기 위해 어떤 잔칫상을 마련해 주어야 할지 더욱 고민해야 한다.

18세 선거라는 축제의 장에서 더 많은 청소년이 자신에게 부여된 참정권을 당당하게 행사할 수 있도록 지금보다 더 적극적이고 긍정적인 방향에서 지지하고 도와주어야 한다. 그런 점에서 학교는 '정치'를 말할 수 있어야 하고, '선거'를 가르칠 수 있어야 하며, 교과서에서 배운 내용이 실제 '삶'의 이정표와도 만날 수 있어야 한다. 그래야 학교가 살아난다.

※ 학교에서 정치를 제대로 체험하지 못한 채, '교과서'로만 접한 세대가 현재 기성 정치인들이다. 그들의 정치가 미숙하고 국민의 뜻을 제대로 수용하는 훈련이 되지 못했기 때문에 현실 정치가 갈등만 유발하는 건 아닐까 생각한다. 이젠 고3 학생들이 정당 가입도 가능한 세상이 됐다. 만 18세 나이에 정당 가입을 해서 20년쯤 정당 생활을 경험한다면 우리도 30대 후반의 젊은 대통령을 맞이할 수 있지 않을까.

촉법소년, 누가 그들에게
돌을 던질 수 있나

─책임을 나눠지는 자세가 필요,
처벌 중심 교화가 재범률 높이는 결과 낳아

묻지마 범죄가 일상이 되다시피 세상이 변해 버렸다. 여전히 놀라운 뉴스가 쏟아진다. 주변의 누군가가 피해자가 될지 알 수 없어 늘 불안에 휩싸인다. 이 글을 읽는 당신이나 당신의 가족은 물론이고 우리 사회의 누구든 묻지마 범죄의 피해자가 될 수 있다. 그래서 더욱 불안하다. 우리가 왜 이런 공포를 감당해야 하는가. 왜 우리 사회는 이러한 불안을 감내해야 하는 사회가 되었을까. 그런데 가해자에게 그 동기를 물으면 특별한 이유가 없다. 그저 사회에 대한 분노와 증오만이 차고 넘칠 뿐이다.

그들은 상당수가 어린 시절 불우한 가정에서 자랐고 국가와 사회로부터도 존중받지 못한 채 학대와 방임에 노출된 채 성장했다. 심지어 사건이 발생한 현재까지도 국가와 사회의 학대와 방치 속에서 살아왔다는 공통점을 지녔다. 촉법소년 문제의 근원적 해결방안은 이로부터 출발해야 한다. 형사법상 처벌받을 수 있는 촉법소년 연령을 만 14세에서 다시 13세의 나이로 한 살 더 낮추는 방안을 교육부가 추진하겠다고 발표했다. 국가인권위원회와 많은 법률 전문가들은 실효성을 거두기 어렵다며 반대

입장을 밝혔다.

　반면 다른 한편에선 어린 학생들의 흉악범죄에 분노를 표출하며 아무리 어린 나이일지라도 강력하게 처벌하고 사회로부터 격리해야 한다며 적극적으로 호응한다. 강력한 처벌 위주의 방식은 너무나 간단명료하고 손쉬운 접근이다. 한 가지 걱정은 13세 나이에 형사처벌을 받고 교도소에서 복역한 후 출소하면 그들이 우리 사회에서 건강한 성원으로 다시 살아갈 가능성은 얼마나 될까. 재범률만 높여서 사회의 불안과 공포를 더욱 높이는 결과를 만든다.

　대검찰청 범죄분석 자료에 의하면 2007년부터 2016년 사이 전체 소년범죄 가운데 만 16세에서 18세까지 소년범 비율은 평균 20%대를 유지했다. 반면 만 14세 미만 촉법소년 비율은 2010년 이후 현재까지 10년 이상 줄곧 1% 미만을 유지했다. 하지만 언론은 관련 사건이 발생할 때마다 '특이한' 사건으로 바라보며 비중 있게 다뤘다. 그러다 보니 촉법소년 사건이 실제보다 많이 일어나는 것처럼 여겨지는 일종의 '착시효과'를 일으켰다. 소년범죄 가운데 흉악범죄 비율이 극히 낮다는 점도 주목해야 한다. 『한겨레』신문 보도에 따르면, 2010년부터 2018년까지 소년부 재판을 맡았던 천종호 부산지방법원 부장판사는 "사실 전체 소년사건 중 흉악범죄는 1% 미만이다. 이 때문에 나머지 아이들이 조기에 낙인 찍혀 전과자로 살아가는 사회적 측면도 살펴봐야 한다."라고 지적했다. 동시에 "비행이나 범죄를 저지르는 아이들은 거의 대부분 가정 형편이 좋지 않다. 한 부모 가정, 부모에게 방치된 아이들, 가출한 아이들이다. 지금 소년사건 80%는 전부

학교 밖으로 밀려난 아이들 이야기."라고 말했다.

　세상에 태어난 지 156개월 된 만 13세 아이가 한순간 실수로 형사법상 처벌을 받고 전과자가 되어 우리 사회에서 정상적으로 살아가기란 쉽지 않을 것이다. 전과자라는 낙인도 그렇지만 그 어린 나이에 정상적이고 건강한 사회인으로 복귀시키기 위한 교화나 교육의 관점에서 보면 참으로 가혹한 처우가 아닐까. 현재도 잔혹한 범죄 행위를 한 경우에는 소년원에 수감되어 사회로부터 격리된 채 교화의 시간을 갖는다. 그런데 이것으로 부족해 형사처벌과 교도소 수감을 통해 전과자로 낙인을 찍는 것이 재범률을 줄이거나 묻지마 범죄의 공포로부터 우리 사회를 안전하게 만드는 데 도움이 될지, 교화에 도움이 될지는 미지수다. 13세밖에 안 된 아이가 전적으로 짊어져야 할 책임이라고 할 수 있는가. 그들을 처벌한다고 부모의 책임이 면제되는 것일까. 가정과 학교와 사회의 책임은 사라지는 것일까. 우리 사회가 공동으로 나눠져야 할 책임을, 세상에 태어난 지 13년밖에 되지 않는, 어린아이에게 오롯이 묻는 것이 과연 책임 있는 사회와 국가의 역할인가.

　그들은 세상에 태어나 단 한 번도 존엄한 인격체로 대우받지 못한 경우가 다반사였다. 소중한 인격체로 존중받지 못했는데 교화의 가능성이 새롭게 열린다고 기대할 수 있을까. 태어나 단 한 순간도 귀한 인격체로 존중받지 못했을 아이를 국가와 사회가 진심으로 아끼고 존중한다면 그것이 교육이고 교화에 이를 수 있는 새로운 길은 아닐까. 물론 이 길은 강력하게 처벌하고 엄단하겠다고 선포하는 방식에 비해 쉽지 않은 방법이다.

시간도 더 많이 걸린다. 그러나 품격 있는 길이기에 가정과 학교 그리고 사회와 국가가 선택해야 하는 실효성 있는 방법이다. 너무 이상적이라고 치부해 버릴 분들을 위해 삶을 위한 교육이라 평가할 수 있는 고전의 한 구절을 소개한다. "정치적 행위나 법률과 형벌로만 사람을 다스리려고 하면 사람은 그 순간만을 모면하려고 할 뿐, 부끄러움이 뭔지도 모르게 된다. 그러나 아무리 잘못을 저지른 사람일지라도 덕이 있는 자세와 예의를 갖추어 그 사람을 대하면 당사자는 부끄러움이 무엇인지도 알게 될 뿐만 아니라 인간으로서의 품격까지 갖추게 된다."

 이 말을 현실에서 실현하는 곳이 있다. 바로 노르웨이다. 노르웨이 교도소는 우리의 상상을 초월한다. 교도소가 넓은 호수를 배경으로 콘도처럼 아름답고 훌륭하게 지어졌다. 재범률은 물론 살인율도 세계 최저 수준을 기록하고 있는 노르웨이 교도소 시스템의 비결은 무엇일까. 그곳엔 현대미술 그림이 교도소 벽 곳곳에 미술관 수준으로 많이 걸려 있다. 죄수 개인 방마다 깔끔한 화장실과 샤워실이 있다. 요리를 해 먹을 수 있도록 다양한 주방용품과 칼도 비치되어 있다. 자기 방 열쇠도 자기가 가지고 다닌다. 인터넷도 마음대로 쓸 수 있고 TV도 마음대로 볼 수 있다. 이런 노르웨이는 최고형이 21년이다, 사형이나 무기징역도 없다. 몇 년 전, 섬에서 수학여행을 즐기던 청소년을 60명 넘게 대학살한 네오나치 죄수가 최고형인 21년형을 선고받았다. 그럼에도 세계 최저의 재범률과 살인율을 유지하는 이유가 뭘까. 우리 사회가 촉법소년 문제의 근본적 해결을 위해 곰곰이 곱씹어 볼 대목이다. 직접 확인하고 싶다면 유튜브 채널에서 「노르웨이에서 죄수를 대하는 방법」을 검색해서 찾아봐도 좋다.

※ 세상에서 가장 편한 일 처리 방식이 떠넘기는 것이다. 잘못된 행동을 한 아이만의 책임으로 떠넘기는 방식이 제일 간단하다. 그런데 정말 그 아이만의 잘못일까? 그 아이가 그렇게 행동하도록 허용한 가정의 문제는? 그런 문제를 제어할 수 있는 여력을 허락하지 않은 각자도생 사회의 문제는? 우리 공동체가 책임져야 할 부분은? 모두의 책임을 균등하게 나누지 않고, 어린 생명체에게 전적으로 책임을 요구하는 것이 과연 바람직한가? 촉법소년 문제를 바라보는 관점과 태도가 매우 폭력적이다.

교육 공공성 회복
"교사 '신뢰', '권위' 인정부터 시작해야"

A교사는 수업 시간마다 학생들에게 깊은 영감을 준다. B교사는 퇴근도 마다하고 매일 자정 가까운 시간까지 남아 학생들과 상담하며 불안한 심리를 다독인다. C교사는 주말이나 방학이면 자신의 사생활도 없이 산과 들로 아이들을 데리고 부모 역할을 대신하기도 한다. D교사는 산더미처럼 쏟아지는 문서를 신속하게 처리해 학교가 원활하게 돌아가도록 밤늦게까지 헌신한다. 그런가 하면, E교사는 온갖 데이터와 각종 정보를 분석하며 아이들의 진로와 진학을 설계하고 상담한다. 하루하루 고단함을 견디며 인생의 한 굽이를 넘어서는 제자와 함께 감동과 기쁨의 눈물을 흘린다.

어떤 교사가 우수한 교사인가? 물론 A부터 E까지 이 모든 걸 다하는 교사가 훌륭한 교사임은 분명하다. 그러나 그것은 불가능에 가깝다. 교사가 슈퍼맨은 아니기 때문이다. 이 모든 걸 다하려다가는 '과로사'한다. 학생의 성장은 이처럼 다양한 교사의 열정과 헌신, 지혜와 정성이 함께 어우러질 때 비로소 가능해진다. 소중한 한 명, 한 명의 아이를 중심으로 다양한 특장점을 지닌 교사들의 열정과 관심이 합치될 때, 진정한 의미의 성장이 일어난다. 그러기 위해선 교사들도 서로 협력하고 배려하며 공감의 자세가 필요하다. 지금의 교원평가는 교사 간 '경쟁'을 끊임없이 강요한다. 협력과 배려는커녕 경쟁과 대립을 강요한다. 그러니 공동의 협력과 선으로 학생을 향해야 할 열정과 헌신이 경쟁과 대립으로 소진되고 있을 뿐이다.

고교서열화와 대학서열화도 모자랐는지 이젠 학생과 학부모 그리고 교사마저 서열화하고 이를 더욱 공고히 만들기 위해 끊임없이 강요한다. 현장에선 학생도 학부모도 교원도 교원평가에 적극적으로 참여하지 않는다. 상황이 이렇다 보니 교내방송을 통해 억지로 교원평가를 강요하는 학교가 늘고 있다. 물론 교사도 스스로 성찰해야 한다. 인간의 영혼과 만나는 교단에서 교사의 말 한마디, 행동 하나가 어린 학생들의 삶에 어떤 영향을 미칠 수 있을지 깊은 고민과 성찰이 필요하다. 하지만 그 방향은 전문가인 교사의 권위를 인정하고 스스로 성찰하며 발전해 갈 수 있음에 대한 공감과 신뢰가 전제되어야 한다. 교사를 전문가로 인정하지 않고 통제와 감시, 평가의 대상으로 삼는 순간, 교육은 설 자리를 잃게 된다.

교실 붕괴가 한참 됐다. 수업이 가능한 교실은 사라진 지 오래다. 교실 공공성 회복을 위한 지혜를 모아야 한다는 목소리가 높다. 교육계 오랜 적폐였던 '촌지'를 거부했던 교육 운동이 결국엔 교단을 바꿨다. 전문가로서 교사의 혁신역량과 성찰의 깊이가 뿌리 깊었던 촌지 문화를 교단에서 끝끝내 추방했다. 이젠 무너진 교실의 공공성을 회복하기 위해 발 벗고 나서야 할 때다. 교실이 어떻게 무너졌고, 무엇 때문에 소중한 우리 아이들이 절규하며 신음하고 있는지. 또 학부모들이 왜 아파하고 고민하며 이 나라를 떠나고 싶어 하는지. 현장에서부터 교육 주체들의 목소리를, 감추고 싶을 정도로 적나라한 목소리를 모아 현장 교사 조사사업부터 시작해야 한다. 점진학교와 오산학교 교사 김구, 돈의학교와 삼흥학교 교사 안중근, 정신여학교 교사 김마리아, 양정학교 교사 김교신, 숭의여학교 교사 황에스더, 동창학교 교사 신채호, 오산학교 교사 이승훈, 류영모, 조만식, 함석헌 등. 그들은 이 땅에 살았던 '교사'이자 '민족지도자'였다. 시대의 요청과 부름도 있었겠으나 교사를 신뢰하고 존경했기에 가능했다. '신뢰'라는 사회적 자본이 그래서 더욱 소중하다.

　※ 과거에 교사는 민족의 지도자였다. 오늘날 교사는 교과 지식을 전달하는 전문가이다. 무슨 차이일까보다 왜 달라졌을까? 과거의 교사는 '삶'을 말했으나 오늘날 교사는 '지식'만 말한다. 과거에 교사는 정치적 기본권이 보장됐으나 오늘날 교사는 정치적 금치산자들이다.

교사 정치기본권, 헌재 판결 의미는

—"문 열린 정치활동 넓히는 건 교사 몫"

헌법재판소가 2020년 4월 23일 재판관 6 대 3의 의견으로, 초·중등학교 교육공무원이 정치단체의 결성에 관여하거나 이에 가입하는 행위를 금지한 국가공무원법과 초·중등교육법이 헌법을 위반했다는 결정을 선고했다. 국가공무원법 제65조 제1항 중 "국가공무원법 제2조 제2항 제2호의 교육공무원 가운데 초·중등교육법 제19조 제1항 교원은 그 밖의 정치단체 결성에 관여하거나 이에 가입할 수 없다."라는 조항이 헌법에 위반된다는 내용이다.

우선 헌법재판소 판결에서 중요하게 짚어 봐야 할 내용 가운데 첫째, '정치'의 영역에 대한 법리 해석이다. 헌재의 판결문에서도 고민의 흔적이 엿보인다. 민주주의 국가에서 국가 구성원의 모든 사회적 활동은 '정치'와 관련된다. 특히 단체는 국가정책에 찬성·반대하거나, 특정 정당이나 후보자의 주장과 우연히 일치하기만 하여도 정치적인 성격을 가진다고 볼 여지가 있다. 판결문에서도 '정치' 영역이 갖는 포괄성을 인식하고 있다. 정치는 부모와 자식 사이에서도 적용되는 개념이고, 뭔가 꼬이고 얽힌 것을 바르게 펴는 것이라 정리했던 공자의 언급을 차치하고서라도 삶의 모든 영역이 정치 아니겠는가.

우선은 우리가 인식하고 있는 정치의 영역이 얼마나 협소했던 것인지에 대한 사회적 합의 과정이 필요하다. 공무원의 정치적 중립성 및 교육의 정치적 중립성의 보장이라는 위 조항의 입법목적을 고려하더라도, '정치적 중립성' 자체가 다원적인 해석이 가능한 추상적인 개념이기 때문에, 이에 대하여 우리 사회의 구성원들이 일치된 이해를 한다고 보기 어렵다. 이는 판단 주체가 법 전문가라 하여도 마찬가지이다. 그렇다면 위 조항은 명확성 원칙에 위배되어 나머지 청구인들의 정치적 표현의 자유 및 결사의 자유를 침해한다.

둘째, '정치적 중립성'에 대한 판단이다. 교원에게 요구되는 정치적 중립성은 제한적이라는 사실을 인식해야 한다. 학교에서, 교실에서, 혹은 교육이 이루어지는 공간으로 제한된다. 교사가 학생들에게 특정 정치 편향을 드러내거나 강요하지 않는 게 정치적 중립의 핵심이다. 모든 교원에게는 종교의 자유가 허용된다. 그렇다고 교사들이 교실에서 학생들에게 특정 종교를 믿으라고 강요하는가. 혹은 자신이 믿는 종교만을 편향적으로 드러내거나 학생들에게 강요하는가. 그렇지 않다. 마찬가지다. 교사의 정치기본권이 허용된다고 해서, 특정한 정당이나 편향성을 드러내서는 안 된다. 이런 우려는 정치적 중립을 훼손하는 행위를 방지하기 위한 감시와 통제 장치를 마련함으로써 충분히 담보할 수 있다. 사정이 이러함에도 초중등학교 교원이 직무와 관련이 없거나 교사의 지위를 이용한 것으

공정교육론

로 볼 수 없음에도 이를 전면적으로 금지하는 것은 입법 취지에서 볼 때, 수단도 적합하지 않고 침해의 정도 역시 심각한 지경이라는 인식을 아래와 같이 판결문에 적시했다. 국가공무원법 제2조 제2항 제2호의 교육공무원 가운데 초·중등교육법 제19조 제1항의 교원(이하 '교원'이라 한다.)의 직무와 관련이 없거나 그 지위를 이용한 것으로 볼 수 없는 결성 관여 행위 및 가입행위까지 전면적으로 금지한다는 점에서도 수단의 적합성 및 침해의 최소성을 인정할 수 없다.

셋째, 교원의 정치기본권 허용 범주다. 교사로부터 정치적 중립이 훼손되지 않는 교육을 받을 기회가 보장된다면 충분하다는 판결이다. 교사가 학교에서 학생들에게만 정치적 중립을 유지하면 그 외의 시간과 공간에서는 정치적 자유권을 행사해도 중립 의무에 위반되지 않는다는 것이다. 교원으로부터 정치적으로 중립적인 교육을 받을 기회가 보장되는 이상, 교원이 기본권 주체로서 정치적 자유권을 행사한다고 하여 교육을 받을 권리가 침해된다거나 교육의 정치적 중립성이 훼손된다고 볼 수 없다. 교원이 사인의 지위에서 정치적 자유권을 행사하게 되면 직무수행에서도 정치적 중립성을 훼손하게 된다는 논리적 혹은 경험적 근거는 존재하지 않는다. 공무원의 정치적 중립성 및 교육의 정치적 중립성에 대한 국민의 신뢰는 직무와 관련하여 또는 그 지위를 이용하여 정치적 중립성을 훼손하는 행위를 방지하기 위한 감시와 통제 장치를 마련함으로써 충분히 담보될 수 있다.

넷째, 교원의 정치적 중립 요구가 만든 법익의 균형성 상실과 과잉금지원칙 위배 문제다. 교사에게 정치적 중립을 과도하게 요구하다 보니 법이 존재함으로써 발생하는 이익의 균형성이 훼손되고 과도한 금지와 규제로 입법 취지를 훼손시켰다는 판결 내용도 확인할 수 있다. 위의 조항이 교원에 대하여 정치단체의 결성에 관여하거나 이에 가입하는 행위를 전면적으로 금지함으로써 달성할 수 있는 공무원의 정치적 중립성 및 교육의 정치적 중립성은 명백하거나 구체적이지 못한 반면에 그로 인하여 교원이 받게 되는 정치적 표현의 자유 및 결사의 자유에 대한 제약과 민주적 의사 형성과정의 개방성과 이를 통한 민주주의의 발전이라는 공익에 발생하는 피해는 매우 크므로, 위 조항은 법익의 균형성도 갖추지 못하였다. 위 조항은 과잉금지원칙에 위배되어 나머지 청구인들의 정치적 표현의 자유 및 결사의 자유를 침해한다.

다섯째, 평등권 침해와 관련한 판결이다. 정당 가입과 활동이 위헌이라는 판단에 소수의견을 제시한 내용 가운데서도 의미 있는 판결문의 내용을 확인할 수 있다. 교원이 교단에서가 아닌 시공간에서 정치적 자유를 행사한다고 직무를 수행함에 정치적 중립성을 훼손하는 게 아니라는 점은 대학교수들과 같다는 논리는 대단히 합리적 판결이다. 아울러 학생들을 민주시민으로 양성하기 위한 교육과 훈련은 초중고교에서 이뤄지는 것이니 정당을 설립하거나 가입하고 정당 활동을 하는 건 대학교수들과 달리 차별하는 것이므로 합리적이지 않다는 결론이다. 그런 취지에서 '정당' 가입과 활동을 금지한 법률이 평등권을 침해하여 위헌이라는 의견인 셈이다. 교원이 사인으로서 정치적 자유권을 행사하게 되면 직무수행에서도 정치적 중립성을 훼손하게 된다고 볼 수 없는 점은 대학교원과 같다. 학생들을 민주시민으로 양성하기 위한 교육과 훈련은 초·중등학교에서부터 이루어지는 것이므로, 직무의 본질이나 내용을 고려하더라도 정당의 설립·가입과 관련하여 대학교원과 교원을 달리 취급할 합리적인 이유가 있다고 보기 어렵다. 정당법 조항 및 국가공무원법 조항 중 '정당'에 관한 부분은 나머지 청구인들의 평등권을 침해한다.

여섯째, 그렇다면 50만 교원과 수백 만에 이르는 그 가족들이 이제부터 할 수 있는 건 무엇인가. 헌법재판소의 판결은 대단히 아쉽다. 그러나 달리 보면 교사 정치기본권의 물꼬를 터 준 셈이다. 얼마만큼 열어젖히는가는 철저하게 교사들의 몫이다. 열린 공간으로 하나, 둘씩 정치기본권을 과감하게 행사하는 주체들이 현장에 많아져야 한다.

일곱째, 무엇을 꿈꿀 수 있는지 고민하고 실천에 옮겨야 할 때다. 교육공무원법과 사립학교법 등에 보장된 고용 휴직을 통해 국회를 포함한 다양한 국가기관에서 정치활동이 가능해졌다. 정당 가입과 정당 활동은 여전히 족쇄로 작용하지만, 그것을 제외한 나머지 영역의 정치활동은 활짝 열렸다. 정당 가입이 필수 조건이 아니라면 그 어떤 국가기관에서 일하는 것도 가능해졌다. 어디 이뿐이겠는가. 교사의 정치활동 영역은 무한대로 펼쳐졌다. 교원의 정치기본권 확보를 위해 투쟁해 온 시간을 돌아볼 때, 우리가 물러설 땅은 한 치도 없다는 신념으로 교사의 정치기본권 확립을 위해 신발 끈을 고쳐 묶어야 한다. 이제 다시 출발점에 섰다. 헌법재판소 판결문을 보다가 문득 시 한 편이 생각났다. 이번 판결로 마음 상하셨을 분들께 작은 위로가 되었으면 하는 마음 간절하다.

흔들리지 않고 피는 꽃이 어디 있으랴/ 이 세상 그 어떤 아름다운 꽃들도/ 다 흔들리면서 피었나니/ 흔들리면서 줄기를 곧게 세웠나니/ 흔들리지 않고 가는 사랑이 어디 있으랴/젖지 않고 피는 꽃이 어디 있으랴/ 이 세상 그 어떤 빛나는 꽃들도/ 다 젖으며 젖으며 피었나니/ 바람과 비에 젖으며 꽃잎 따듯하게 피웠나니/ 젖지 않고 가는 삶이 어디 있으랴.

- 도종환,「흔들리며 피는 꽃」

※ 학생은 정당 가입이 허용되나 교사에겐 허용되지 않는 나라. 우리나라의 초라한 현실이다. '정치'라는 교과목을 가르치는 교사는 정당 활동 경험이나 정치적 기본권을 경험하지 못했으나 학생은 정당 가입과 정치적 기본권이 보장되는 나라. 슬픈 자화상이다. 1960년 3월 15일 이승만 정권에 의해 부정선거 동원된 교사, 공무원의 아픈 역사를 빌미로 교사와 공무원의 정치적 기본권을 박탈한 지, 60년 세월을 넘겼다. 여전히 이승만 독재 시대를 사는 교사, 공무원의 질곡된 삶을 언제쯤 극복할 수 있을까.

'검찰을 비판'한 고3 시험 문제,
성취기준 밖이라고?

　대한민국 교사에겐 수업권과 평가권이 없다. 하지만 정작 현실에선 교사가 매일 수업하고 정기고사 문항을 출제한다. 그러다 보니 수업권과 평가권이 주어졌다고 생각한다. 하지만 현실은 이 모든 법적 권한이 교사에겐 없다. 오직 교장에게만 주어진 법적 권한이다.

　초·중등교육법 제20조(교직원의 임무) ①항 "교장은 교무를 통할(統轄)하고, 소속 교직원을 지도·감독하며, 학생을 교육한다." ④항에는 "교사는 법령에서 정하는 바에 따라 학생을 교육한다."라고 했다. 제25조 ①항은 "학교의 장은 학생의 학업성취도와 인성(人性) 등을 종합적으로 관찰·평가하여 학생지도 및 상급학교의 학생선발에 활용"할 수 있다는 자격을 부여했다.

　이렇게 학업성취도평가는 교장의 법적 권한이다. 그래서 교장이 학업성취도 평가 권한을 교감과 교무부장에게 위임할 수 있다. 수업과 평가에 대해 왈가왈부할 수 있는 법적 권한이 발생하는 근거이다.

이뿐만이 아니다. 교사는 한 사람의 시민으로서 정치기본권조차 허용되지 않는다. 당황스러운 것은 기본권마저 박탈된 정치적 금치산자 처지인 교사가 학교에선 '민주주의'와 '정치' 그리고 '민주시민교육'을 가르치고 있다.

이 얼마나 우스꽝스러운 현실인가. 상황이 이렇다 보니, 우리 교육은 '삶'과 '현실'을 말할 수 없다. 아니 말해선 안 된다. 그저 공허한 이론이나 빠르게 변한 시대 상황을 반영하지 못하는 구태의연하고 낡은 과거 지식에 얽매여 가르친다. 어디서부터 무엇이 잘못된 걸까. 얼마 전, 검찰 개혁이라는 시대적 과제를 출제했던 부산의 모 고교 3학년 한국사 문항을 두고 이를 정치 쟁점화하며 비난하는 모습에 씁쓸한 마음을 감출 수 없었다. 참으로 안타깝다.

한국사 교과목에서 요구하는 성취기준 내용을 살펴보면 교사의 과실 여부를 판단할 수 있다. 참고로 성취기준이란 해당 교과목 학습에서 학생이 도달해야 하는 목표를 말한다. "4·19혁명으로부터 오늘날에 이르는 자유민주주의의 발전 과정과 남겨진 과제를 설명할 수 있다." 내년부터 적용되는 2015 교육과정에서도 유사한 성취기준을 확인할 수 있다. "4·19혁명으로부터 오늘날까지 이룩한 자유·민주주의의 발전 과정을 이해한다."

그렇다면 한국사 과목의 이 성취기준에서 요구하는 4·19혁명으로부터 이후 오늘날에 남겨진 과제는 도대체 무엇일까. 학생이 설명할 수 있어야 하는 오늘날 자유민주주의 체제에서 남겨진 과제는 무엇이란 말인가. 그것은 학생들에게 물어봐도 '검찰 개혁', '언론개혁', '정치개혁' 등이 오늘날 남겨진 과제라고 답할 수 있다. 그런데도 한국사를 가르치는 교사가 '검찰 개혁'이라는 시의성 있는 문항을 출제했다고 정치적 중립성을 위반했다며 직무를 배제하고 징계까지 운운하는 것은 코미디다. 돌이켜 보면, 정치기본권도 부여받지 못한, 정치적 금치산자인 교사에게 '민주주의'와 '정치'를 가르치라고 하는 현실이 더 황당하고 코미디 같다. 그러니 뭐 그다지 놀랄 일도 아니다.

교사 김구, 교사 안창호, 교사 안중근, 교사 신채호, 교사 윤봉길, 교사 함석헌 등은 교사이자 민족 지도자로 살았다.

징계 대상자를 찾자면, 우리의 하루하루 삶을 말하지 못하게 만들어버린, 터무니없이 잘못된 법체계를 방관한 채, 법 개정에 나서지 않고 자신의 직무를 유기하고 있는 입법부 국회의원들과 정치인들이 바로 징계 대상이다. 교육 문제를 정치 쟁점화해 마녀사냥을 일삼는 그들이 바로 징계 대상이다.

검찰 개혁의 시대적 과제를 비판하는 문항 출제로 논란이 됐던 부산 A고교에서는 14일 재시험을 치렀다. 부산시교육청은 이날 2차 조사를 하고 문제가 된 해당 교사를 직무에서 배제했다고 한다. 부산시교육청 관계자는 "정치적으로 민감한 문제를 학생 시험 문제에 끌어들인 것은 분명 잘못됐다."라며 "정확하게 조사해서 교단을 바로 세우도록 하겠다."라고 말했다고 한다. 무엇이 교단을 바로 세우는 것인지 교육청 관계자는 성취기준이 무엇을 요구하고 있는지부터 다시 살펴볼 일이다.

　정치적으로 민감한 문제를 다루라는 것이 '보이텔스바흐' 원칙의 제2원칙이다. "논쟁적 주제에 대한 교실 논쟁 재현의 원칙"이라고도 한다. 그것이 바로 공허한 이론 공부가 아니라 우리 아이들이 살아갈 세상의 이정표와 정확하게 겹쳐지는 삶을 위한 교육이다. 차라리 그냥 수준을 낮춰 문항이 객관성과 신뢰도를 갖추고 있었는가, 주어진 〈보기〉의 정보가 답지의 선택에 간섭이나 충돌은 없었는지, 연결이 매끄러웠는가를 비판했다면 그나마 수준 있는 비판이 되었을지도 모르겠다. 가르치라는 성취기준에 충실한 문항을 두고 마녀사냥 식 여론몰이와 정치 쟁점화하는 태도는 우리 사회의 야만성을 드러낸 것이다. 게다가 직무배제와 징계까지 운운하는 것이 과연 온당한 처사인가. 현재 우리 사회는 교사에게 수업권과 평가권조차 보장하지 않는, 일제 강점기 법체계의 야만성을 여전히 벗어나지 못했다.

　21세기를 살아가는 민주사회의 시민으로 마땅히 가져야 하는 정치기본권조차 보장되지 않는 현실에서 학생들에게 '정치'와 '민주주의'를 가르쳐야 하는, 이 현실이 이 땅에서 살아가는 교사들의 슬픈 운명인가. 그 시기 교단에서 아이들을 가르쳤던 백범 김구, 도산 안창호, 단재 신채호, 안중근, 윤봉길, 함석헌 선생님 등 과연 이분들이 21세기 오늘을 살았다면 민족의 지도자로 성장할 수 있었을까.

※ 민주주의는 교과서에 존재하지 않는다. 살아서 숨을 쉬는 내 주변이 민주주의를 학습하는 공간이고, 하루하루가 민주시민으로서 성장하는 배움과 성장의 시간과 공간이어야 한다. 과연 우리는 그러한 삶을 우리 아이들에게 선물하고 있는가. '삶'을 말하지 않는 교육은 죽어 버린 교육이다. 희망 없는 내일의 노래를 거둬야 한다.

7장

입시 비리 · 사립학교

입시 비리 의혹을 대하는
검찰의 두 얼굴

하나고 편입학전형에서 평가자의 서류심사 평가표가 바꿔치기 됐다는 사실이 MBC 뉴스 보도를 통해 확인됐다. 게다가 수년간 하나고 입학 관련 대외비가 담긴 하드디스크를 파면이 요구됐던 정 아무개 교감이 퇴직하면서 무단으로 반출했다. 학교 측에서 돌려 달라는 요구에도 응하지 않고 있다고 한다. 이게 현실에서 가능한 일인가. 보통 사람들의 상식으로는 도저히 이해할 수 없는 일들이 벌어지고 있다. 지원자의 정보와 학생 선발의 중요한 데이터가 담긴 학교의 입학 관련 하드디스크를 무단으로 반출한 것도 상상을 초월하는 범죄행위인데 해당 학교장은 수사기관에 수사 의뢰조차 하지 않았다. 게다가 검찰은 증거가 인멸되고 있을지도 모르는 상황에서 어떠한 강제 수사나 압수수색조차 하지 않고 있다.

이 사건 일체가 현재 서울중앙지검 형사1부(부장검사 성상헌, 담당검사 신도욱)에 배당되어 고발인 조사를 마친 상태다. MBC 「스트레이트」 탐사보도와 뉴스보도를 통해 증거자료들도 계속해서 추가로 제시되면서 부정 입학 의혹이 일파만파 증폭되고 있는 상황이다. 하나고 편입학 시험에서 서류심사와 면접심사의 평가표에는 이 아무개 교사와 조 아무개 교사 등, 남교사 단 두 명이 직접 평가하고 서명까지 한 것으로 하나고와 교육청을 통해 공식 확인했다.

그런데 MBC 이재욱 기자가 입수한 서류심사 평가표에는 이 아무개 교사와 조 아무개 교사의 필적과는 확연하게 다른 두 명의 필체가 추가로 확인됐다. 다른 두 명의 여성으로 추정되는 제3자의 글씨와 숫자가 확인됐다. 필적 감정 전문가의 견해로도 이 아무개 교사와 조 아무개 교사의 필체와 명백하게 또 다른 2명이 추가로 개입된 것이라고 확인해 주었다. 그렇다면 이제 검찰 수사는 당사자들이 이런 사실을 인지한 상태에서 공모한 결과인지 아니면 평가에 참여했던 당사자들도 모르게 더 윗선에서 그들의 서류심사 평가표를 무슨 이유에서 바꿔치기를 했는지 검찰이 분명하게 밝혀야 한다.

하나고 입시비리 의혹을 대하는 검찰의 태도는 문재인 대통령이 언급한 입시비리와 채용비리만큼은 엄벌에 처하도록 하겠다는 말조차 무색하게 만들었다. 조국 전 장관 자녀의 대학입시 특혜 의혹과 의학전문대학원 입학을 위해 필요했던 총장상의 직인을 위조했는가 여부로 엄청난 검찰 인력을 투입하며 자녀의 학교생활기록부까지, 속된 말로 "탈탈 털어 가면서" 조사했던 검찰의 태도와 비교할 때, 하나고 편입학 전형의 서류심사 평가표를 조작했을 수도 있다는 추론이 가능한 상황에서 부정 입학의혹 관련 수사는 균형과 형평성을 잃어도 한참 잃었다.

.

윤석열 검찰총장이 보여 주었던 입시비리의혹 수사에 대한 단호한 의지와 태도가 하늘과 땅만큼이나 차이가 난다. 청와대와 국무총리실을 압수수색 할 정도로 검찰 수사에 성역은 없다는 사실이 명백하게 드러났다. 대통령과 국무총리 집무실을 압수수색 할 정도로 거칠 것 없는 검찰이 무엇이 두려워서 강제 수사를 주저하고 있는가. 공평무사한 자세로 입시비리를 바로 잡아 정의롭고 공정한 사회를 갈구하는 청년 세대의 분노와 노여움에 응답할 차례다.

MBC 탐사보도「스트레이트」진행자가 오죽하면 "단군 이래 최대의 입시비리"라고 통탄을 했겠는가. 최순실 딸 정유라가 이화여대에 부정 입학했다는 이유로 촛불시민혁명의 도화선이 되었다. 또 전직 대통령이 탄핵되는 시발점이 됐다. 조국 전 법무장관 후보자는 자녀의 대학입시특혜 의혹으로 결국엔 장관직에서 물러났다. 그만큼 우리 사회에서 입시비리 의혹은 사회 정의와 균등한 기회와 공정한 과정 그리고 정의로운 결과를 훼손하는 처사로 용서받기 어려운 범죄 행위에 해당한다. 이 시점에 검찰이 명심해야 할 것은 '무신불립(無信不立)'이라는 말이다. 국민에게 신뢰를 받지 못하면 검찰은 이제 더는 이 땅에서 설 곳이 없다는 점을 깊이 새겨야 한다.

※ 검찰의 수사가 선택적 정의를 향하는 순간. 검찰은 국민의 신망을 잃는다. 무신불립(無信不立)의 순간을 자초한다. 입시부정을 단죄하여 공정사회를 만들겠다는 의지가 있다면 진보세력이든 보수세력이든 여당이

든 야당이든 조국 전 장관 가족을 수사하듯 일관되게 균일한 잣대와 기준을 적용해야 한다. 특정 세력에만 가혹하고 다른 세력에는 한없이 관대하고 은폐와 불기소로 일관한다면 누가 검찰을 신뢰하겠는가. 공정사회를 바라는 국민의 마음을 향한 도발이자 검찰 스스로 적폐 세력임을 인정하는 것이다.

공정교육론

특권층 입시부정,
누가 눈감아 줬나

몇 해 전 재벌 총수 아들이 초등학교 졸업 후 영훈국제중에 부정한 방법으로 입학했다가 적발됐다. 이 사건을 계기로 이 학교 재단 임원이 특정 학생을 입학시키기 위해 성적 조작을 지시하고 이를 대가로 학부모로부터 돈을 받는 등 온갖 부정을 저지른 사실이 드러났다. 마찬가지로 특권층 자녀가 하나고 편입학전형에서 부정한 방법으로 합격했다는 의혹이 교육청 감사결과 적발되어 현재 검찰에서 수사 중이다. 서울서부지검은 1년 넘도록 심각한 사회적 파장을 일으킨 하나고 입시부정을 신속하게 수사하지 않고 있었다. 그런 상황에서 최순실 씨의 딸 정유라 씨가 이화여대에 부정한 방법으로 합격했다는 의혹이 터져 나왔다. 우리 사회 특권층의 부정 입학은 초·중·고를 거쳐 대학까지 이어지고 있다. 총체적 난국이다. 그럼에도 사법당국은 특권층 부정 입학에 무관심하다. 특히 검찰 조직은 국민 정서를 외면한 채 교육 정의를 심각하게 훼손한 특권과 반칙에 무감각한 것으로 보인다.

지난해 개봉한 「내부자들」, 「검사외전」 등 검사들의 일상을 소재로 다룬

영화가 엄청나게 흥행했다. 이 영화들이 왜 폭발적인 흥행을 거뒀는지 많은 이들이 의아해했다. 그러나 영화 속 내용이 현실과 정확하게, 아니 그 이상 소름이 돋을 정도로 일치한다는 사실을 국민이 현실에서 목격하고야 말았다. 영훈국제중 입시부정, 하나고 입시부정, 이화여대 입시부정 의혹 등은 이른바 특권층의 특권의식이 얼마나 심각한 지경에 이르렀는가를 적나라하게 보여준다. 이는 동시에 우리 사회의 교육 불평등 구조가 얼마나 심각하게 고착화해 있는지 명백하게 드러낸다. 이런 현실을 보면 과연 우리 사회가 누구에게나 균등한 기회를 보장하는 사회라고 말할 수 있는지 의심이 든다. 공식적인 신분제도는 조선 후기에 철폐되었건만 다른 형태의 보이지 않는 신분제도가 작동하고 있다는 의구심을 떨칠 수 없다. 사회 혼란을 핑계로 입시부정을 눈감아주는 검찰 조직이 존재하는 한 특권층 입시부정과 서민층의 상대적 박탈감은 더욱 심화될 수밖에 없다. 오죽하면 학업에 전념해야 할 청소년들 사이에서 "또 다른 정유라가 있을지 모른다. 중·고생이 목소리를 내야 한다."라는 외침이 터져 나오고 있을까. 사법당국은 진지하게 성찰해야 한다.

교육 당국이 특별감사를 통해 입시부정, 회계 부정, 채용 비리 등을 적발해 검찰에 고발했으나, 서울서부지검은 사건 일체를 관할 경찰서로 이첩하고는 불기소 의견으로 수사 지휘했다. 검찰이 여론의 눈치를 보며 사건을 종결짓지 못하는 동안 최순실 씨의 딸 정유라의 이화여대 부정 입학 의혹이 터져 나왔다. 검찰에 허락된 사정의 칼날은 국민에게 위임받은 공권력이다. 이를 특권층을 보호하기 위해 사용할 때 어느 국민이 검찰을 신뢰할 수 있겠는가. 출석 일수가 모자라도 권력의 힘으로 졸업이 가능했던 것으로 드러났다. 입학 자격을 갖추지 못했어도 권력으로 입학 지원 자격 자체를 바꿔 버린 일도 밝혀졌다. 이렇게 부정한 방법으로 합격을 허락했다. 뿐만이 아니다. 학교생활도 학점도 졸업도, 심지어 졸업 후 취업과 사회생활에서도 온갖 특혜를 누렸다. 특권층에겐 '헬조선'이 먼 나라 이야기였다. 이 땅의 흙수저들은 극도로 절망스러운 현실과 마주하고 섰다. 과연 우리 사회가 공정한가? 젊은이들이 분노하는 이유는 바로 이것이다.

※ 공정의 가치를 생각해 본다. 선택적 정의, 선택적 수사로 일관하는 검찰의 행태를 목격한다. 그로 인해 국민도 선택적 분노로 일관하는 것은 아닌지 혼란스럽다. 우리가 스스로 성찰하고 되짚을 대목이다. 선택적 분노로 본질을 제대로 못 보는 건 아닌지. 통찰력이 필요하다.

특권층 적폐 3종 세트,
우리 사회는 왜 이렇게 됐나

─입시, 채용, 병역 비리에 대해 검·경이 전면 수사에 나서야

우리 사회의 건강함을 참담하게 빼앗는 특권층 비리 3종 세트가 바로 입시 비리, 채용 비리, 병역 비리이다. 평범한 시민들은 힘들어도 조금만 더 고생하면 나아질 것이라는 기대를 하며, 하루하루 버겁게 견뎌 내고 있다. 계층 이동의 희망과 기대를 송두리째 앗아간다는 점에서 입시와 채용 그리고 병무에 대한 비리는 엄중하게 처벌해야 하는 범죄 행위다. 부모와 자식 관계는 자발적 선택에 의한 관계가 아니다. 한 개인의 노력과 역량으로 결정할 수 있는 것도 아니다. 그렇기에 입시와 병역 그리고 채용은 그 어떤 영역보다 공정하고 정의로워야 하며 공평해야 한다. 병역 의무는 예외가 없어야 한다.

최근 드러나고 있는 일련의 적폐를 보고 있자면 과연 우리 사회가 개인의 노력으로 계층 이동이 가능한 사회인가 심각한 회의와 상대적 박탈감에 빠지게 된다. 극소수이겠거니 믿고 싶지만, 부모 잘 만나 아무나 입학할 수 없는 학교로 부정 입학이 허용되고 온갖 불법과 탈법으로 병역까지 면제받는다. 그것도 모자라 신의 직장이라 불리는 곳에도 부정한 청탁과

공정교육론

온갖 방법을 동원하여 취업까지 보장된다. 과연 우리 사회는 건강한가. 미래세대 주역이 될 우리 아이들은 공정하고 정의로운 세상에서 차별과 배제 없이 누구나 소중하고 평등한 인간의 권리를 누리며 살아갈 수 있을까. 참으로 안타깝고 속이 상한다. 도대체 우리 사회가 어쩌다가 이 지경에 이르렀는가. 적폐 청산을 외치는 요즘. 과연 우리 사회의 적폐는 제대로 청산이 되고 있는가. 부모가 가난하고 힘이 없는 가정에서 자라고 있는 청소년들에게 미래에 대한 희망을 갖고 당당하게 살아 보라고 말할 수 있을까. 깊은 자괴감이 앞선다.

● 배움의 단계에서부터 온갖 특혜를 누리는 '그들'

그들이 살아가는 방식에는 규칙이 있다. 배움의 단계에서부터 온갖 특혜를 누린다. 극히 일부에 국한된 일이겠지만 초중고 시절, 평범한 학생들은 진입조차 할 수 없는 특권교육이 허용되는 엘리트 학교로 진학하기 위해 온갖 인맥을 동원하고 학생부 조작 등 불법과 탈법을 일삼는다. 그렇게 학창 시절을 보낸 후엔 소위 명문대로 불리는 일류대학으로 진학해 그들만의 리그를 형성한다. 언론에 보도되는 사실만 보아도 이 과정에서 불법과 편법 그리고 탈법을 통해 부정 입학이 손쉽게 이뤄지고 있다. 그렇게 대학 진학을 이루고 나면 병역 문제를 해결하기 위해 다시 온갖 불법과 탈법 그리고 편법을 통해 병역 면탈을 받는다. 평범한 서민 가정 자제들이 국민에게 요구되는 병역 의무를 이행하는 동안에도 그들은 남들보다 일찍 사회생활을 시작한다. 취업 걱정으로 밤을 새워가며 청춘을 저당 잡힌 채 공부하고 있는 친구들과 달리 그들은 그들만의 방식으로 평생

직장을 쉽사리 구했다. 그렇게 살아가며 다시 결혼을 통해 가정을 꾸리고 자녀를 출산하고 그들만의 리그가 다시 대물림된다. 그들만의 리그에서 평범한 서민들이 살아남기란 여간 어려운 일이 아니다. 그 이유는 간단하고 명료하다. 우리가 살아가는 사회가 공정하고 정의로우며 균등한 기회가 보장되지 않고 이 모든 과정과 절차가 투명하지 않기 때문이다.

특권과 반칙을 일삼는 소수에게만 꿈이 허락된 사회가 아닌가. 출발선이 다른 사회에서 살아가야만 하는 다음 세대를 생각하면 먹먹하기만 하다. 우리 사회는 과연 건강한가. 사람으로 태어나 사람답게 살 만한 세상인가. 인간으로서의 존엄과 품격이 보장되는 사회인가. 특권과 반칙이 허락된 소수의 그들에게만 꿈과 희망이 허락된 사회는 아닐까. 입시 비리, 채용 비리, 병역 비리, 3종 세트는 엄격하게 처벌해야 한다. 사회의 건강함을 좀먹고 해치는 행위이자 또 다른 신분제 사회를 공고히 하는 적폐 가운데 가장 큰 적폐에 해당한다. 최선을 다해 열심히 살아 보려고 노력하는 청년들과 부모 세대의 희망과 꿈을 송두리째 뽑아 버리는 이런 반사회적 행위에 대해서는 발본색원해야 한다.

문재인 정부의 적폐 청산에 대다수 국민이 지지를 보내고 있다. 얼마 전 여론조사에 의하면 전체 국민의 70%가량이 적폐 청산에 절대적 지지를 보내고 있다. 검찰과 경찰의 적극적 수사는 물론이고 사법부 또한 이러한 적폐에 대한 심판에서 경종을 울려야 한다. 엄중한 처벌을 통해 입시와 채용 그리고 병역에서 비리가 감히 발붙일 수 없도록 엄단해야 한다. 그것이 시대의 요구이자 변화의 도도한 물결이다. 이 물결에 저항하는 순간 자신도 역사의 뒤안길로 사라지게 될 수밖에 없다는 평범한 사실을 구성원 모두가 인식할 수 있을 때 비로소 우리 사회가 건강한 사회로 재편될 수 있을 것이다. 그래야만 우리는 희망을 노래할 수 있다. 다음 세대를 살아가게 될 우리 자식 세대에는 사람으로 태어나 죽는 순간까지 차별과 배제의 고통에서 벗어나 협력과 배려의 가치를 온몸으로 체득하며 행복한 삶을 누릴 수 있을 것이다. 문재인 정부의 적폐 청산 노력에 박수갈채를 보낸다. 동시에 입시비리와 채용비리 그리고 병무 비리만큼은 관용이 허락되어선 안 된다고 강력하게 요구한다. 보다 철저한 수사와 법적 심판을 통해 사람이 사람답게 살아갈 수 있는 용기와 희망을 가질 수 있는 사회로 거듭나야 한다. 우리가 꿈꾸는 세상은 그래야 한다. 이 땅에 태어난 이상 우리는 이와 같은 명령을 단호하고도 엄중하게 요구할 수 있는 권리와 권한을 부여받았기 때문이다.

※ 입시, 병역, 취업은 한 나라의 공정성을 평가할 수 있는 중요한 척도가 된다. 법의 잣대가 엄정해야 하는 이유다. 개인의 능력이 아니라 부모의 사회적, 경제적 지위로 결정이 되는 사회라면 공정성이 심각하게 훼손된 사회다. 희망이 없는 사회에선 내일과 미래를 말할 수 없다.

하나고 비리 '불기소' 검사,
특검에서 이대 입시부정 수사를?

─국가적 혼란을 극복하기 위해서는 검찰이 바로 서야 한다

이화여대에 입학했던 정유라의 입시부정이 교육부 감사 결과 명백하게 드러났고, 밝혀진 부정 입학의 실체를 두고 교육부가 이화여대를 검찰에 고발했다. 그러나 국정조사 증인으로 출석한 이대 총장과 교수들은 교육부 감사 결과마저 부인했다. 입시부정 당사자들은 특검 수사를 앞두고 있기에 처벌이 두려워 자신들의 범죄를 인정하기 어려웠을 것이다.

처음부터 끝까지 '모르쇠'로 일관하던 증인들의 행태에 오죽했으면 교육부 감사관들을 불러 국회에서 대질신문까지 벌였겠는가. 그럼에도 증인들은 뻔뻔하게 모르쇠와 부인으로 일관하며 국민적 공분을 자아냈다. 대부분의 입시부정 사건은 내부 상황을 잘 아는 극소수 관계자가 아니면 인지하기 어렵다.

왜냐면 부정을 공모한 당사자들이 아니면 내부에서조차 알 수 없는 민감하고 은밀한 정보이기 때문이다. 또 부정 입시는 특권층과 소수 책임자에 의해 이뤄지기 때문에 정확한 실상을 인지하거나 파악하기 어렵다. 그래서 압수수색이나 계좌추적 등 가능한 수사권, 즉 검찰이라는 공권력이 필요하다. 국민으로부터 위임받은 권력으로 비리와 부정의 실상을 철저하게 밝혀내는 것이 검찰에게 주어진 사명이다.

하지만 현실은 그렇지 않았다. 영훈국제중, 강원외고, 성신여대, 하나고 등의 사례가 말해 주듯 검찰은 분노한 여론과 들끓는 민심의 질타에 직면하기 전까진 기소독점권 아래 숨어 증거불충분, 혐의없음 등의 사유를 내세운다. 철저하게 외면하거나 특권층의 이익만을 대변한다. 이런 행태가 반복되다가 결국 이화여대 정유라 입시부정 사건으로 비화됐다.

돌아보면 현재 우리가 겪고 있는 이 혼란은 이른 시기에 예방할 수 있는 기회가 있었다. 비선실세들의 국정농단에 대한 우려가 내부고발 형식으로 언론에 이미 고발되었다. 하지만 당시 언론과 사정 당국은 이에 주목하지 않았다. 그때 내부고발에 주목했다면 현재의 혼란은 겪지 않아도 됐을 것이다. 입시부정도 마찬가지다. 특권층의 반칙과 부정이 여러 차례 내부고발을 통해 세상에 알려졌다. 그때마다 검찰이 신속하고 엄정하게 수사했다면 오늘날 이화여대 부정 입학까지 이어질 수 없었다.

● 하나고 비리 면죄부 준 검사가 왜 특검에?

이화여대 부정 입학이 세상에 알려지고 민심이 들끓자 검찰은 부랴부랴 압수수색에 나섰다. 지금까지 드러난 실상을 토대로 보면 검찰 권력이 가장 두려워했던 것은 특권층의 '권력'과 '돈'이다. 최근 들어 하나 더 추가

된 것이 '분노한 민심'이다. 그러나 분노한 민심은 더 이상 검찰을 신뢰하지 않는다. 얼마 전 하나고 입시부정 사건을 맡았던 박주성 주임 검사가 박영수 특검에 파견검사로 합류했다는 소식이 언론을 통해 전해졌다. 과연 그가 특검에 배당된 이화여대 입시부정 사건을 엄정하게 처리할 수 있을까.

하나고 입시부정 사건을 맡아 참고인 조사조차 하지 않고 압수수색이나 계좌추적 등 어떠한 수사도 진행하지 않고 1년 이상을 버티다가 불기소 처분했던 당사자가 특검에 파견검사로 합류했다. 언론이 이점을 비판했고, 시민단체들이 모여 특검을 규탄했다.

다행히 하나고를 검찰에 고발했던 서울시교육청이 검찰의 불기소 처분에 즉각 항고를 선언했다. 검찰은 항고를 즉각 받아들여 신속하고 엄정한 수사에 나서야 한다. 비선 실세 국정농단을 예고했던 내부고발을 무시한 결과 엄청난 국가적 혼란과 재앙이라는 대가를 지불하고 있다. 입시부정도 마찬가지다. 제대로 엄단하지 못한다면 우리 사회가 불평등하고 불공정한 사회로 전락하게 될 것이다.

지금 중요한 것은 이를 계기로 누구에게나 평등한 교육 기회가 보장되어야 하고 정의롭고 투명한 사회로 도약해야 한다는 사실이다. 그러기 위해서 검찰이 바로 서야 한다. 그래야만 공정하고 누구에게나 기회가 보장되는 평등한 세상을 꿈꿀 수 있다. 검찰은 지금의 혼란을 야기한 당사자로서 사죄하고 책임을 져야 한다. 이것이 국민의 명령이자 촛불을 들고 거리로 나온 학생들에 대한 최소한의 사죄다.

※ 당시 서울서부지방검찰청에서 하나고 입시부정 의혹 사건을 담당했던 부장검사 김도균, 손준성, 그리고 담당 검사 박주성, 서울중앙지검의 부장검사 성상헌과 검사 신도욱 등은 당시 하나고 편입학 의혹 사건을 담당했다. 2014. 8. 하나고 편입학전형에서 평가위원이 아닌 제3의 인물이 개입해 평가표를 바꿔치기했다는 기본적인 사실조차 확인하지 못했다. 면접점수도 특정한 학생에게만 +2점이 가산된 채, 공정하지도 못했다는 사실조차 애써 외면했다. 검찰의 수사행태가 여실하게 드러났다. 미리 결론을 내고 짜 맞추기 식 적폐 수사를 한 것이 아니냐는 의혹이 무리한 억측이 아니라는 사실을 알 수 있다. 2021년 8월 현재 서부지검이 증거불충분으로 불기소처분하였다. 이에 전국교직원노동조합과 민주노총 법률원은 고등법원에 직접 공소제기를 요청하는 재정신청을 해놓은 상황이다. 어떻게 결론이 날지 예의 주시할 대목이다.

공수처 수사 대상 1호를
청원합니다

연세대 교수 2명이 구속됐다. 구속 전 영장실질심사에서 "범죄 혐의가 소명되고 범행 정도가 중하다. 관련 조사와 수사 과정에서의 행위 등에 비춰 증거를 인멸할 우려가 있다."라고 밝혔다. 소명된 범죄는 입학시험에서 지원자 점수를 조작한 혐의다.

최근 방송된 '하나고 입시부정 의혹' 편과 후속 보도로 나온 뉴스의 편입학전형 입시부정 의혹에서는 지원자 점수를 조작한 정황과 증거가 확인됐다. 현재 이 사건은 서울중앙지검 형사1부(부장검사 성상헌, 담당검사 신도욱)에 배당되어 고발인 조사를 마친 상황이다. 방송사에선 필적감정까지 마쳤다. 평가위원이 아닌 누군가가 점수 조작에 개입했다는 의혹이 확인됐다. 필체가 다른 2명의 평가서를 검찰에 증거물로 추가 제출했다.

하나고 사건의 경우, 교육청 감사 결과 파면이 결정된 교감이 퇴직하면서 수년간 학교 입시 결과가 담긴 하드디스크를 몰래 가지고 나가는 어처구니없는 상황까지 발생했다. 그런데도 검찰은 여전히 압수수색이나 계좌추적, 구속수사 등 어떠한 강제수사도 진행하지 않고 있다.

입시부정, 입시비리를 대하는 검찰의 잣대에 심각한 문제가 있다. 단편적으로, 입시를 위해 발급받은 서류의 직인 위조 문제만으로도 서울중앙지검의 수사력을 집중했던 사례와, 입시에서 평가자의 점수를 조작한 증거를 발견한 사례를 놓고 볼 때 어느 사안이 더 심각한 범죄인가.

향후 공수처(고위공직자범죄수사처)의 수사 및 기소 대상은 검사와 판사가 핵심이다. 또한 공수처가 검사와 판사를 대상으로 수사해야 하는 핵심이 바로 입시비리 등 권력형·특권형 비리에 대한 수사에서 직무를 유기했는가 또는 직권을 남용했는가 여부가 될 것이다. 공정성과 신뢰를 무너뜨리는 입시부정과 채용비리, 병역비리 등은 검찰과 사법부가 위중하게 인식해야 하는 영역이고, 마땅히 신속하고 엄정하게 수사해야 한다. 사정이 이러함에도 그간 검찰과 경찰 그리고 사법부가 이 역할을 제대로 수행하지 못해서 우리 사회의 신뢰 자본과 공정성에 대한 믿음이 흔들리고 있음은 분명한 사실이다. 특히 계층이동의 유일한 출구인 교육이 썩으면 사회적 분노와 갈등이 극에 달하는 법이다. 사회적 신뢰 자본이 무너진 사회에는 희망이 없다.

올해 7월 출범하는 공수처 수사를 통해 처음으로 기소하고 처벌해야 하는 제1호 사건은 현재 검찰과 경찰이 수사하고 있거나 과거에 수사했던 입시부정 사건이어야 한다. 현재 전국적으로 진행되고 있는 입시부정 관련 수사에서도 검경이 직무를 유기하거나 권한을 남용하여 비리를 은폐

했는지 살펴봐야 한다. 우리 사회의 계층이동에 대한 꿈을 막고 공정성을 심각하게 무너뜨린 결과를 초래한 부분이 있다면 향후 공수처의 철저한 수사와 기소 그리고 처벌을 통해 바로잡아야 할 것이다. 사법부의 권력 및 자본과의 유착을 감추고 은폐하기에 급급했던 관행에도 죄를 물어야 한다. 그래야만 검찰과 사법부에 대한 국민적 신뢰도 회복할 수 있다. 이제 판사나 검사들도 항상 기억해야 한다. 내가 담당한 사건을 법과 원칙대로 처리하지 못하면 이젠 수사받고 기소가 되며 감옥에도 갈 수 있다는 사실을. 늦었지만 공정한 세상을 향한 첫걸음이다.

※ 검찰의 봐주기 식 수사와 은폐에 대해서는 공수처의 수사를 통해 검사들의 직무유기와 직권남용을 철저히 처벌해야 한다. 그래야 사법 정의가 살아난다.

공정교육론

갑질로 멍든 사립학교,
교육 적폐 더는 방치할 수 없어

─사립학교 갑질 어디까지 봤나

"가장 피가 많이 나고 고통스러운 방법으로 내가 목을 쳐 줄 것."(사립 A대학교 이사장)

"이 ××가 어디서 이 따위 소리야! 너 이 ××야! 나가! 이놈 ××가 말이야!"(사립 B고교 이사장)

"날짜를 안 쓰고 사직서를 써 주면 그걸로 끝을 내겠다. 그 대신 사직서라는 것은 이런 일 또 일어나면 수리하는 거지."(사립 C고교 교장)

"이 학교 주인은 나다. 여긴 사립학교이고, 사유지이다."(사립 D대학교 이사장)

"음주운전으로 구속된 아들 휴직 처리에 월급까지 주다 적발."(사립 E고교 감사결과)

"8년째 지속되고 있는 이사장 갑질 때문에 교육청 장학사로 전직조차 방해받고 있어요."(사립 F중학교 피해교사)

"대학적립금을 4천억 이상 쌓아 두고 이사장 부친 장례식에 학생등록금으로 2억 지출."(사립 G대학교 감사결과)

"학교를 조용히 떠나라. 그렇지 않으면 수단과 방법을 가리지 않고 못

견디게 해 주겠다."(사립 H고 이사장)

"학교에서 단체로 재학생 겨울 외투를 제작하는데 왜 담당부서 부장교사의 초등학생 아들 겨울외투까지 학부모가 갖다 바쳐야 합니까?"(사립 H고 졸업생 학부모)

교육이 바로 서야 나라가 바로 선다. 가장 정의롭고 깨끗해야 하는 곳이 학교다. 왜냐면 우리의 미래를 책임져야 할 학생들이 삶과 인생을 배우며 자라나는 공간이기 때문이다. 동시에 현재 교육을 책임지고 있는 절대다수를 차지하고 있는 학교가 사립학교이기 때문이다. 유명 사립대학인 A대학교 이사장은 학내에서 정당한 문제 제기를 했던 교수들에게 가장 고통스러운 방법으로 목을 쳐 주겠다는 폭언을 하여 충격과 사회적 공분을 샀다. 역시 사립학교인 B고교 이사장은 교사에게 차마 입에조차 담기 어려운 폭언과 욕설을 섞어 가며 교사의 인격을 무참하게 짓밟았다. 사립 C고교 교장은 자신의 마음에 들지 않는다고 '백지 사직서'를 요구해 물의를 일으켰다. 교사의 약점을 잡아 두고 지속적 굴종을 강요하는 비열한 방식으로 교직원들의 사기를 떨어뜨리자 참다못한 교사들의 반발로 그간의 갑질이 세상에 드러나는 계기가 되었다. 교권이 제대로 확립되지 못한 비리사학에서는 교원을 대상으로 이런 갑질이 종종 일어나고 있다. 땅콩회항과 물컵 투척 갑질로 물의를 일으킨 항공사 회장이 이사장 지위를 겸하고 있는 사립 D대학교는 과거에도 "학교 주인인 구성원들의 학교 건물 출입을 왜 막느냐"는 항의에도 "이 학교 주인은 나다. 여긴 사립학교이고 사유지이다."라는 말로 사학 공공성을 망각한 천박한 수준의 인식을 드러내어 빈축을 샀다. 뿐만 아니라 사립 E고교 이사장은 같은 학교에 근무하던 자신의 아들이 음주운전으로 구속되자 휴직 처리를 해 주는 범행을 저질렀을 뿐만 아니라 매달 꼬박꼬박 월급까지 챙겨 주다가 감사 결과 적발되어 물의를 일으켰다.

사립 F중학교에는 과거 자사고 전환과 관련된 설문조사에서 반대를 했다는 이유로 고교에 근무하던 교사를 중학교로 강제전보를 해서 현재까지도 근무하고 있다. 그런데 그것으로 끝난 것이 아니었다. 8년째 계속되는 이사장의 갑질로 여섯 번이나 인사상 불이익을 당했다. 문재인 정부가 들어 교육부에서 파견요청을 했는데도 이를 거부한데 이어 이번에는 교육청 장학사로 전직마저 방해하는 등 치외법권의 무풍지대로 남아 있다. 사립 G대학 이사장은 학교적립금을 4천억 원 이상 쌓아 두고 자신의 부친 장례식에만 학생등록금 2억 원을 지출해 충격을 주었다.

사립 H고 이사장은 불법행위와 부조리를 개선해 달라고 요구한 교사에게 "학교를 조용히 떠나라. 그렇지 않으면 수단과 방법을 가리지 않고 못 견디게 해 주겠다."라고 말해 사회적 물의를 일으켰다. 그런가 하면 이 학교에선 학부모회 주관으로 재학생 겨울외투를 단체로 주문 제작했는데 그 과정에서 해당부서 부장교사의 초등학생 아들 겨울외투까지 갖다 바쳐야 하느냐며 갑질 피해를 호소했던 졸업생 학부모의 피해 사실도 확인됐다. 해당 교사는 이듬해 병가와 질병휴직을 연이어 제출하며 3년째 학교로 복직하지 않고 있다.

사립학교에서도 민주주의가 무엇이고 정의가 무엇이며 불의에 침묵하지 말고 항거할 수 있는 지성인으로 성장하도록 가르쳐야 한다. 부정과 비리로 얼룩진 사립학교에서 교원들이 과연 당당하고 떳떳하게 학생들을 지도할 수 있을까.

초중고는 물론이고 대학에 이르기까지 우리나라에서 사립학교가 차지하는 비중은 엄청나다. 사립학교가 바로 서지 못하면 우리에게 미래는 없다고 단언할 수 있다. 사립학교에서 이런 비리와 불법 그리고 부조리가 만연할 수 있는 뿌리에는 사립학교법이 공고하게 자리 잡고 있다. 악법 가운데 최고 악법인 사립학교법 개정을 온몸으로 막으며 당시에 촛불을 들고 나섰던 이가 바로 탄핵을 당한 박근혜 전 대통령이었다. 그는 2005년 12월 12일 "당의 모든 힘을 사학법 무효투쟁에 쏟겠다"며 "지도부부터 비장한 각오로 임해 달라"는 발언도 서슴지 않으며 사립학교법 개정을 온몸으로 막아섰다.

오욕의 세월을 극복하고자 다시 촛불을 들고 광화문에서 민주주의를 외치며 국민이 명령한다고 절규하던 국민의 요구에 문재인 정부는 귀를 기울여야 한다. 사립학교법을 이대로 놔두고는 교육계 적폐 청산이 요원할 수밖에 없다. 탄핵당한 전직 대통령이 당시 정기 국회를 두 달 동안이나 거부하고 전국을 돌며 반대했던 사립학교법이 지금까지도 이어지고 있다. 사립학교의 적폐를 문재인 정부에서 개정하지 않는다면 이는 역사의 오점으로 남게 될 것이다. 사립학교법 개정은 단순한 법률 개정에 그치지 않는다. 사립학교가 바로 서야 우리 교육도 미래의 희망을 노래할 수 있다는 점을 명심해야 한다.

※ 대한민국에서 '사학' 문제를 해결하지 않고선 한 발짝도 나아갈 수 없다. 사학의 자율성은 공공성을 침해하지 않는 범주가 전제된다. 사학의 자율성은 독립적 재정 여건을 갖춘 상황에서 요구해야 하고, 정부도 그 조건을 충족할 때, 사학 자율성을 보장해야 한다. 공공성과 건전한 재정 능력을 갖추지 못한 상황에서 사학의 자율성은 헛된 구호에 지나지 않는다.

비리 사학이 친 사고,
왜 국민 혈세로 수습하나

—부당징계 발생 비용 세금 처리
'복직 확정 땐, 관련자에 구상권 청구법안' 통과시켜야

많은 사립학교 교사와 교수들이 입시비리, 횡령, 배임 등 크고 작은 부정에 침묵하지 않고 개선을 요구했다가 보복성 징계로 파면, 해임, 정직 등 중징계로 고초를 겪고 있다. 민사소송으로 1심, 2심, 3심 대법원 확정판결이 있기까지 길게는 3년 이상을 거리로 내쫓기는 경우도 허다하다.

일부 비리 사학들이 참으로 악랄한 행동을 일삼고 있다. 그로 인해 겪는 혼란과 고충은 고스란히 구성원들의 몫이 되고, 발생하는 모든 비용은 혈세로 충당된다. 이 과정에 모순이 발생하고 있다. 학교에서 쫓겨난 교사나 교수의 자리는 다른 누군가에 의해 대체될 수밖에 없다. 이때 기간제 교사와 대체 강사에게 지급되는 급여와 관련 비용은 모두 국민 혈세이다.

심각한 문제는 부당한 징계로 복직이 결정되는 경우다. 이때 부당징계로 억울하게 쫓겨났다가 복직을 하게 되면 학교를 떠나있던 기간에 밀린 급여와 상여금 등 임금 일체를 다시 국민 혈세로 지급해 준다. 그렇다면 사립학교가 부당한 방법으로 무리한 징계사유를 구성하여 부당징계나 보

　　　　　　　　　　　　　공정교육론

복징계를 일삼아도 그 뒷수습과 해결은 항상 국민 혈세로 해결해 주는 꼴이 반복되어 왔다. 임금을 포함한 일체 비용을 이중으로 지급하는 부조리가 자행되고 있다.

가장 심각한 부조리와 모순은 온갖 불법과 탈법을 일삼으며 부당징계, 보복징계라는 범죄에 함께 참여했던 교원과 관리자에게 그 어떤 책임도 묻지 않고 있다는 사실이다. 사립학교법에 따르면 교원의 징계를 위해 반드시 거쳐야 하는 과정에 '인사위원회'와 '징계위원회'가 있다. 또한 징계 요구권자인 '교장'과 징계의결권자인 '이사장' 등이 징계를 주도한다.

부당징계와 보복징계를 주도하고 있음에도 그들에겐 그 어떤 법적, 경제적 책임도 묻지 않는다. 사정이 이렇기 때문에 부당한 징계가 끊이지 않고 반복되며 남발된다. 일부 비리사학들이 몰상식한 사고를 쳐도 결국 수습은 국민 혈세로 충당해 준다. 아무런 법적 책임도 묻지 않는 무소불위의 권력을 인정하고 있기 때문에 부당징계가 남발된다. 이런 부조리와 모순을 해결하지 않고서는 사립학교에서 행해지는 부당한 보복성 징계를 견제할 수 있는 현실적 대안이 없다.

● **견제되지 않는 권력은 부패하기 쉽다**

늦었지만 '민주사회를 위한 변호사 모임(이하 '민변')' 교육 분과에서 개혁입법 가운데 하나로 부당징계에 대한 관할 교육당국의 구상권 청구법안이 마련되고 있다. 민변에서 마련 중인 이 법안이 조속히 국회를 통과하여 하루빨리 집행되어야 한다. 또한 입법안 통과 이전에 발생한 사건까지도 일정 연한까지 소급 적용되어야 한다.

아울러 부당징계에 참여한 자들을 대상으로 징벌적 손해배상금을 무겁게 청구할 수 있도록 법률안이 정비되고 있는 것도 늦었지만 반가운 소식이다. 시쳇말로 사립학교에서 가장 무거운 징계사유가 바로 관리자에 대한 '괘씸죄'라고 할 정도로 몰지각하고 비상식적인 권한이 자행되고 있다. 이처럼 견제되지 않는 권력은 부패하기 쉽다. 이러한 모순과 부조리함을 바로 잡지 못한다면 교육개혁 또한 기대할 수 없다.

세상이 제 자리를 잡아 가는 즈음이다. 정치권과 국회는 분노를 표출하는 민심의 바다에 떠 있는 조각배에 지나지 않음을 항상 명심해야 한다. 조속히 개혁 입법안들을 하나씩 점검하며 통과시켜야 한다. 시대의 조류와 역사적 사명감을 자각하지 못한다면 출렁이는 민심의 바다에서 한순간 뒤집힐 수 있는 조각배 신세임을 분명하게 인식할 때 국민을 두려워하며 섬길 줄 알게 될 것이다. 그것이 진정한 국민주권시대가 열리는 조건이다.

※ 공공재정환수법은 바로 이런 경우에 적용해야 한다. 사학이 부당한 징계를 남발할 수 있는 가장 큰 이유는, 뒷수습과 뒤처리를 국가가 국민의 혈세로 감당해 주기 때문이다. 부당한 징계임이 사법부 판결로 결정되면 구상권을 청구해서 이중으로 지급했던 급여를 회수해야 한다. 공공재정환수법의 입법 취지와 일맥상통한다.

8장

고등교육 · 통일교육

수천억 쌓아 두고
계약직 외면하는 학교

─대학 시간강사·초중고 기간제교사·계약직 근로자
문제 해결에 앞장서야

작년 9월 기준 대학 적립금 규모가 수천억 원에 달했다. 홍익대, 이화여대는 7천억 원이 넘는 적립금을 쌓아 뒀다. 연세대는 5천억 원, 고려대와 수원대 3천억 원을 훌쩍 넘었다. 그런가 하면 숙명여대, 동덕여대, 청주대, 계명대 등도 2천억 원 이상이다. 2천억 원에 육박하는 성균관대 등등. 실로 억 소리가 나는 적립금을 쌓아 뒀다.

많은 사립대학이 이처럼 수천억 원에 이르는 돈을 쌓아 두고도 강사와 같은 계약직 근로자들의 신분과 처우를 정규직으로 전환하기 위해 적극적으로 나서지 않고 있다. 심각한 우려를 표하지 않을 수 없다.

장하성 청와대 정책실장은 "동일노동 동일임금 원칙 철저히 적용"과 "지속 업무 일정 기간 뒤 정규직화"라는 대원칙을 밝혔다. 대학에는 강사뿐 아니라 기간제로 근무하는 비정규직 일자리가 너무나도 많다. 동일한 노동을 하면서도, 아니 정규직에 비해 더욱 과도한 노동 강도를 요구하면서도 비정규직이라는 이유만으로 노동력을 착취당하며 저임금에 신음하고 있다.

대학 강사들의 강의 역량도 정년트랙으로 임용된 교수들에 비해 떨어지지 않는다. 똑같은 수업을 감당하면서도 비정규직이라는 차별 속에서 고통받고 있다. 수천억이라는 어마어마한 적립금을 쌓아둔 채, 비정규직의 고통과 신음을 외면하는 것은 교육공동체가 지향해야 할 모습과 어울리지 않는다. 차별이 없고 가장 공정해야 할 교육계마저 이런 적폐가 해소되지 않고서는 다른 분야의 혁신을 기대하기 어렵다.

● **기간제교사라는 명칭은 사라져야 한다.**

초·중·고등학교도 마찬가지다. 기간제교사라는 명칭은 이제 사라져야 한다. 명칭 자체부터가 문제이다. 단위학교에서 자신들의 필요에 따라 예의를 갖춰 모셔 온 선생님들에게 '기간제'라는 호칭이 과연 어울리기나 한 것인지 모르겠다. '초빙교사'라고 해도 좋겠건만. 명칭의 적절성 여부를 떠나 출산이나 병가, 휴직 등 명백하게 한시적 기간을 위한 충원이 아니라 상시적 수업 지도가 필요한 경우마저도 '기간제'라는 미명으로, 교사를 채용하는 실태는 이미 심각한 지경에 이르렀다.

거의 모든 사립학교가 교직원들의 급여를 시도교육청의 국가 예산으로 지급되고 있음에도 사립학교에 근무하는 교직원들의 신분을 '기간제'라는 계약직과 비정규직으로 채용하고 있는 현실은 왜곡되고 부조리한 측면이 많다. 이런 점에서 교육공동체에 봉사하는 분들부터 정규직으로 전환하는 것이 국정과제 1순위가 되어야 한다. 공공 부분에서 먼저 시행되어야 민간 부분으로 확장될 수 있는 과제가 될 것이다.

가장 중요한 문제는 예산이다. 그런데 예산집행에는 분명한 원칙과 절차가 마련되어야 한다. 대학들이 수천억 적립금을 쌓아 둔 채, 국가로부터 예산 지원을 기대하는 것은 바람직하지 못하다. 적립금의 일정 부분을 소진한 이후에 국가 예산을 지원받도록 유도해야 한다. 또한 연구비 횡령이나 각종 비리와 부정에 연루된 대학에 대해서는 예산 지원을 철저하게 배제해야 한다. 지금도 많은 대학이 비민주적인 모습을 보이며 힘없는 대학원생이나 강사들을 짓누르며 부끄러움조차 모르는 학교들도 비일비재하다.

학교 구성원인 교수, 학생들이 민주적인 소통구조를 요구하고 있음에도 이를 철저히 무시하고 심지어 온갖 사유를 들어 부당하게 탄압과 징계를 일삼고 있는 초중고와 대학에 대해서는 과감한 제재가 필수적이다. 부당징계로 발생하는 급여의 이중지급도 교육부와 전국 17개 시도교육청이 해당 학교법인에 구상권을 청구하여 국고로 환수하도록 제도화해야 한다.

● 우리가 믿을 수 있는 것은 사람과 인재뿐

상명대학교 이영이 박사의 사례를 보면 황당하기 짝이 없다. 박사학위 논문 지도교수가 이 박사의 저작권을 강탈했다. 그런가 하면 연구비 유용까지 제기되고 있으니 참으로 기가 찰 노릇이다. 그럼에도 이를 시정해 달라는 강사의 정당한 요구에 강의를 담당하지 못하도록 했고 게다가 학교 측은 총동문회 명의로 "이영이는 개인의 목적을 위해 대학의 명예를 훼손하지 말라"는 현수막을 캠퍼스에 내걸었다. 교내에 설치된 현수막을 보며 대학 측이 힘없는 강사를 향한 집단 따돌림의 실체 앞에서 망연자실 혀를 내두르게 된다.

상명대 총동문회에서는 이 사안에 대해 과연 진지한 논의과정을 제대로 거쳤는지도 의문이다. 힘없는 연구자이자 스승인 한 사람의 인격체를 집단의 이름으로 인격 살인에 가까운 참담한 일을 벌이고 있다.

이뿐 아니다. '대학강사 교원지위 회복과 대학교육정상화 투쟁본부'에서 10년째 풍찬노숙하며 대학 강사의 교원 지위 확보를 위해 투쟁하고 있는 김동애, 김영곤 박사 부부의 이야기는 우리 사회가 얼마나 정의로움을 상실한 채 교육불평등 문제를 외면하고 있는지. 이토록 잔혹할 수 있는지 참으로 눈물겹기까지 하다. 21세기 첨단지식사회의 창의적 인재 양성을 목표로 교육혁신을 추구하는 이 시점에 교육공동체에서 버젓이 일어나고 있는 일이다.

우리에겐 자원도 없다. 그렇다고 넓은 영토가 주어진 것도 아니다. 우리가 오로지 믿을 수 있는 것은 '사람'이고 '인재'뿐이다. 경건한 마음으로 사람의 가치를 고양하고 인재를 육성하지 못한다면 우리에게 미래는 없다. 그래서 교육이 우리 민족의 운명과 미래를 결정할 열쇠를 쥐고 있다고 하는 것이다. 학령인구가 급격하게 감소하는데 왜 교원 채용을 늘리느냐는 주장은 짧은 생각이다. 학령인구가 감소하기 때문에 오히려 교원을 더욱 늘려서 세계 최고의 교육환경을 만들기 위해 적극적으로 투자해야 한다. 그래야 우리가 교육을 통해 혁신을 이루고 지구촌 무한경쟁에서 살아남는다. 지금이 바로 적기이다.

　※ 지방대 소멸 위기가 눈앞에 다가왔다. 학령인구가 기하급수적으로 줄어든다. 재정 위기에 봉착해 스스로 폐교하는 대학이 늘고 있다. 동시에 수천억 적립금을 쌓아 둔 채, 어디에 그 돈을 써야 하는지 모르는 대학도 많다. 사람을 위한 투자에 인색한 대학이 망하는 법이다.

국가균형발전을 위한
국공립대 교육지원

─지역 주권 실현을 위한 지원 방안

대학교	총교육비 (대학회계+발전기금회계+ 산학협력단회계+도서구입비+ 기계기구매입비)	재학생수	학생 1인당 교육비
포항공과대학교	324,829,465,659	3,176	102,276,280원
대구경북과학기술원	139,262,129,125	1,463	95,189,425원
광주과학기술원	163,511,921,008	2,179	75,039,890원
한국과학기술원	768,511,810,588	10,679	71,964,773원
울산과학기술원	229,327,330,196	4,010	57,188,860원
서울대학교	1,340,519,206,341	27,784	48,247,883원
연세대학교	1,183,906,202,577	38,701	30,591,101원
성균관대학교	755,602,640,003	27,097	27,885,103원
고려대학교	906,037,764,716	36,892	24,559,193원
한양대학교	707,942,869,225	33,148	21,357,031원
부산대학교	534,444,077,181	27,830	19,203,883원
이화여자대학교	413,930,522,165	21,700	19,075,139원
서강대학교	201,763,140,756	11,194	18,024,222원
전북대학교	386,949,798,300	21,757	17,785,071원
충남대학교	402,220,351,213	22,773	17,662,159원
제주대학교	209,215,354,146	12,015	17,412,846원
경북대학교	488,767,412,600	28,251	17,300,888원

중앙대학교	499,146,576,617	28,981	17,223,235원
충북대학교	283,573,533,152	16,858	16,821,303원
전남대학교	396,471,684,294	23,624	16,782,580원
경희대학교	560,605,265,422	34,016	16,480,634원
강원대학교	367,897,922,426	22,414	16,413,755원
인천대학교	218,816,710,610	13,362	16,376,044원
경상대학교	270,054,025,969	16,546	16,321,408원
건국대학교	446,850,218,060	27,944	15,990,918원
서울시립대학교	174,035,579,863	11,764	14,793,911원

- 대학별 학생 1인당 교육비
자료출처: 제21대 국회 강민정 의원실(2019년 기준)

포항공과대학, 대구경북과학기술원, 광주과학기술원, 한국과학기술원, 울산과학기술원의 공통점이 무엇일까? 정답은 지방대학이다. 흥미롭지 않은가? 같은 지방대학인데, 이 대학들은 다른 지방대학들과 격이 다른 대학으로 인식한다. 그 이유가 무엇인가?

다양한 답변이 가능하다. 지방에 있는 대학이지만 엄청난 재정지원을 통해 교육환경과 수준이 단기간 내에 세계적인 수준의 대학으로 급성장 할 수 있었다. 혹은 해당 대학들은 졸업 후 취업이 잘 된다. 등등의 답변이 가능할 것이다.

하지만 가장 중요한 이유는 누가 뭐래도 앞의 도표에서 드러나듯 재정지원 규모가 월등하다는 사실이다. 포항공대는 학생 1인당 지원하는 교육비 규모가 1억 원을 넘어선다. 대구과학기술원도 1억 원에 육박하는 9천 5백만 원에 이른다. 이들 대학 가운데 가장 낮은 대학인 울산과학기술원이 5천 7백만 원으로 서울대학교의 4천 8백만 원보다 9백만 원 가깝게 더 많이 지원하고 있다는 사실에 주목해야 한다.

말하자면 교육여건이 현저하게 우수한 학교들이기에 여타의 지방대가 겪고 있는 위기와는 분명 구별된다. 이 대학들은 지방에 소재한 대학들임에도 엄청난 재정지원을 통해 교육환경과 수준을 최고 수준으로 끌어올렸기에 경쟁력을 지닌 대학으로 성장할 수 있었다. 지방 소재 대학이라고 해서 반드시 위기를 겪는 것은 절대 아니다. 대학에 얼마나 많은 투자와 세계적 수준의 탁월한 연구역량을 지닌 교수를 확보할 수 있느냐가 관건임을 알 수 있다.

그렇다면 지역 균형 발전과 지방거점국립대학교를 살리려고 한다면 교육재정 집중적으로 지원함으로써 상향 평준화의 토대를 구축해야만 혁신이 가능할 것으로 예상한다. 고등교육 예산을 현재보다는 대폭 확대해야 한다. 동시에 지방거점국립대를 중심으로 교수 채용과 교육여건 및 환경 개선 사업에 막대한 예산을 투입해야 한다.

국립대학 가운데 법인화가 된 서울대학교와 인천대학교만 해도 상당한 차이를 보인다. 서울대학교가 학생 1인당 48,247,883원에 이른다. 반면 인천대학교는 학생 1인당 16,376,044원에 불과하다. 이는 서울대학교 학생 1인당 지원금 규모의 34% 수준에 불과하다. 같은 국립대학교 법인일지라도 이렇게 현저한 차이를 보인다. 지방거점 국립대학교 경우도 이와 별반 다르지 않다는 점에서 사안의 심각성이 제기된다.

고등교육은 얼마나 많은 예산을 지원하는가에 따라 많은 부분이 결정된다. 교육과정에 많은 예산을 쏟아부을수록 그만큼 역량 있는 인재를 길러 낼 수밖에 없다. 그런 점에서 교육여건 개선과 세계 최고 수준의 최첨단 기자재 구입을 포함해 지원 규모 확대가 고등교육의 질을 세계 최고 수준으로 선도할 수 있는 지름길이 된다.

2020년 기준 우리나라 교육부 1년 예산은 76조 원 수준이다. 이 가운데 11조 7천억 원이 고등교육 예산으로 책정됐다. 나머지 65조 원가량이 유·초·중·고교 예산인 셈이다. 현재 고등교육 예산인 11조 7천억 원 수준은 OECD 수준의 관점에서 보면 형편없이 낮은 수준이다. 2022년에 들어서는 차기 집권 정부에서는 교육 예산 100조 원 시대를 열어젖힐 것으로 예상한다. 교육 예산 100조 원 시대를 통해 고등교육예산도 현재보다 두 배 가깝게 22조 원 규모로 증액하지 않으면 안 되는 상황이다.

※ 대학 서열 해소의 열쇠는 공정한 재정 배분과 지원이다. 견고하게 굳어진 대학 서열이 유지되는 핵심 가운데 하나가 바로 재정을 얼마나 지원하고 있는가의 문제이기 때문이다. 같은 실험실 환경과 기자재를 갖추고 경쟁을 유도해야지 교육환경이 천양지차인 상황에서 역량을 갖춘 인재로 성장하기를 바라는 것이 가능한가. 점수 높은 대학에 들어갔다고 나머지 모든 기회비용을 독점한다면 공정한 경쟁이라고 말하기 어렵다. 이러한 문제를 개선하면서 대학 서열 해소의 실마리를 찾아야 한다. 결국 공정한 규칙이 작동해야 한다.

쉽지 않은 여정,
통일로 가는 길목에서

    1970년 3월 18일 저녁 8시. 독일 통일을 위한 첫 정상회담을 하루 앞두고 서독의 본에서 빌리 브란트 총리를 태운 기차가 동독을 향해 출발했다. 이튿날 오전 9시 30분. 기차는 동독 에르푸르트 중앙역에 도착했다. 역에서는 동독 총리 빌리 슈토프가 기다리고 있었다. 둘은 회담 장소 에르푸르트 호텔로 이동했다. 브란트가 호텔에 도착하자 독일 시민들이 호텔로 몰려왔다. 그들은 '빌리'를 외쳤다. 처음엔 브란트도 동독 시민들이 자신들의 지도자인 빌리 슈토프를 연호하는 줄 알았다. 그러나 그들이 환호한 것은 동독 지도자 빌리 슈토프가 아닌 서독 지도자 빌리 브란트였다. 이때 빌리 브란트는 환호에 한 손을 들어 미소로 응답했다. 동시에 군중에게 두 손을 낮게 펼치며 자제를 요청하는 몸동작을 취했다. 동독에 거주하던 주민들에 대한 깊은 배려였다. 실제로 첫 정상회담이 끝난 뒤 동독의 슈토프는 어떻게 군중이 경찰 방어선을 뚫고 호텔 입구까지 찾아와 '빌리'를 외쳤는지 책임을 추궁했다. 같은 해 5월 21일. 두 번째 정상회담이 서독 국경도시 카셀에서 열렸다. 그런데 동독의 슈토프 총리가 카셀역에 도착하자 시위대가 구호를 외쳤다. 게다가 기차역에서 회담장으로 이동하는 과정에서 불행한 사고가 발생했다. 군중 속 한 사람이 경찰 통제선을 뚫고 나와 동독 총리가 탄 차량을 향해 소형 폭발물 두 개를 던졌다. 다행히 차량은 손상을 입지 않고 도로를 그대로 질주해 벗어났다. 설상가상으로 회담장에선 서독 극우단체 청년들이 취재 허가증을 위조해 회담장에 진입했다. 이들은 회담장에 걸려 있던 동독 국기를 끌어 내려 심하게 훼손했다. 회담장 밖에선 극우단체와 공산당 계열 시위대가 서로 격렬하게 충돌했다. 결국 회담은 합의에 이르지 못했고 양국에 상처만 남겼다.

'현상을 변화시키기 위한 현상의 인정'이라는 개념을 놓고도 서독 내부에서 첨예한 갈등과 논쟁이 재연됐다. 브란트는 "한 걸음도 나아가지 않는 것보다 작은 발걸음이라도 앞으로 나아가는 것이 낫다."라고 대응했다. 동시에 "통일이 아니라 현재 가능한 것부터 실천해 가는 원칙"을 언급했다. 그들은 내부갈등과 분열을 겪으면서도 결국 오롯이 통일된 국가를 이루어 냈다.

2018년 9월 19일 저녁. 문재인 대통령은 15만 명 수용이 가능한 평양 5·1경기장에서 북한 주민을 대상으로 연설했다. "우리 민족의 운명은 우리 스스로 결정한다는 민족 자주의 원칙을 확인했습니다.", "어려운 시절에도 민족의 자존심을 지키며 끝끝내 스스로 일어서고자 하는 불굴의 용기를 보았습니다.", "평양 시민 여러분, 동포 여러분. 우리 민족은 우수합니다. 우리 민족은 강인합니다. 우리 민족은 평화를 사랑합니다. 그리고 우리 민족은 함께 살아야 합니다." 매우 사려 깊은 연설이었다. 북한에 대한 배려와 존중을 느낄 수 있었다. 이날 연설에서 15만 평양 시민들은 총 13회에 걸쳐 문재인 대통령의 연설 내용에 박수와 환호로 화답했다.

싱가포르와 베트남 하노이에서 두 차례에 걸친 북-미 정상회담이 열렸다. 하지만 만족할 만한 수준의 합의 결과를 도출하진 못했다. 그런 이유로 평화 통일과 민족 번영을 위한 남북의 노력이 다시 시험대에 올랐다. 독일 사례에서 확인되듯 통일은 쉽지 않은 여정이 될 것이다. 우리 사회도 독일과 같은 내적 갈등을 이미 경험하고 있다. 그러나 이 고통은 통일로 가는 길목에서 발생하고 겪을 수밖에 없는 필연적 고통이다. 그렇기에 슬기롭게 대처하고 극복해 나가야 한다. 싱가포르와 베트남 하노이를 거친 우리의 여정이 이제는 서울과 판문점 그리고 평양에서 열매 맺기를 간절히 기대해 본다. 그 중심에는 '남'과 '북'이 있어야 한다. 그래서 우리의 역할이 어느 때보다 절실하고 중요한 시점이 되었다.

※ 분단극복, 통일은 우리 머릿속에서 지워진 대륙을 연결하는 길이자 영적인 결합이다.

"경쟁교육은 야만이다."라는 독일 철학자 아도르노의 가르침은 우리 사회에 시사하는 바가 크다. 다른 영역과 달리 왜 '교육'에선 '경쟁'이 야만인지 진지하게 고민해야 한다. 이 책에 실린 글들은 그에 대한 고민의 결과물이다.

살아온 인생 절반 이상이 배움의 과정에 있었다. 앞으로 삶이 다하는 순간까지도 아마 그럴 것이다. 또 상당 시간 가르침의 자리에서 교사로서, 강사로서, 연구자로서, 교육행정가로서 살고 있다. 그 시간을 함께하며 무엇이 우리 교육의 문제인지, 그리고 무엇을 어떻게 해결해야 내일의 희망을 말할 수 있는지 어렴풋이 알 수 있었다. 박사학위를 받고 대학에서 시간강사 신분으로 시작했다. 강사로서의 삶의 여정이 중고등학교 교사로서의 정체성 형성에 상당한 영향을 주었다. 대학 교육의 문제가 유치원, 초등학교, 중학교, 고등학교 교육을 매몰시키고 있었다. 입시에 매몰된 학교 현장은 참담했다.

글을 배운 사람의 도리가 시대를 아파하고 해결책을 제시하는 데 있다는 가르침은 늘 고통스러웠다. 도피하고 싶은 마음에 차라리 몰랐으면 좋았을 것이라는 생각도 했었다. 하지만 그 시대엔 누구든, 자격이 있든 없든, 그 문제를 해결할 수 있는 막중한 자리에 나아갔든 나아가지 못했든, 글을 배웠기에 시대의 문제가 무엇인지 통찰하고 조금이라도 더 나은 공동체를 위해 혁신의 청사진을 제시하는 것이 그 시대를 살았던 지식인의 막중한 소임이었다. 글을 쓰고 문집을 남겼던 이유이기도 했다. 그 시대가 내겐 적잖은 위로와 위안을 주었다. 많은 글이 이정표가 되었다. 제도권 내에서 활약했던 다산 정약용, 연암 박지원 선생님은 물론, 시대와 맞서느라 제도권 밖으로 내동댕이쳐진 문무자 이옥, 담정 김려와 같은 선생님들도 내겐 커다란 감화를 주셨다. 오늘을 사는 이들에겐 그 이름조차 생경한 이유가 그렇게 시대와 맞서다가 내동댕이쳐졌기 때문이다. 시간이 흘러 세상이 바뀐지라 고민의 내용과 형식도 달라졌다. 그러나 본질은 매한가지라는 생각이 든다. 교육도 별반 다르지 않다는 생각이다.

이 책은 『경향신문』, 『오마이뉴스』, 『한겨레』 신문 등등의 매체에 기고문, 칼럼 등의 형식으로 게재됐던 글들이다. 더러는 해결되거나 종결된 일도 있다. 하지만 상당수는 여전히 해결되지 않은 과제들이다. 그 가운데 우리 사회 가장 약자라고 할 수 있는 '학생'의 삶에 주목해야 한다고 생각했다. 왜냐면 그들의 목소리를 누구도 대변하지 않고 있기 때문이다. 그들의 삶이 과연 행복한가? 그들은 학교에서 배움을 통해 행복한 성장을 주체적으로 누리고 있는가? 기성세대는 이를 위해 최선을 다하고 있는가? 무엇이 문제인가? 어떻게 해결해야 하는가? 끝이 없는 의문과 질문에 답을 구하기 위한 과정에서 깨달은 생각들을 거칠게나마 세상에 내놓는다.

공장교육론

저만큼 밀어붙이다 힘을 다한 파도는 거품과 함께 사라진다. 하지만 파도가 멈추는 법은 없다. 멈추지 않고 다음 파도가, 그다음 파도가, 또 그다음 파도가 온 힘을 다해 밀어붙일 것이다. 이처럼 자연도 온 힘을 다해 자신의 생애를 끌고 간다. 우리 삶도 그럴 것이다. 그래서 세상은 조금씩 변화할 것이다. 더 나은 세상을 향해서. 이 책의 부족한 부분은 누군가 더 채워 줄 것임을 믿는다.

2021년 9월 경기도청이 자리 잡은 수원 팔달산 기슭에서
저자 전경원 삼가.

"경쟁교육은 야만이다"

공정교육론

ⓒ 전경원, 2021

초판 1쇄 발행 2021년 9월 30일

지은이	전경원
펴낸이	이기봉
편집	좋은땅 편집팀
펴낸곳	도서출판 좋은땅
주소	서울 마포구 성지길 25 보광빌딩 2층
전화	02)374-8616~7
팩스	02)374-8614
이메일	gworldbook@naver.com
홈페이지	www.g-world.co.kr

ISBN   979-11-388-0188-1 (03370)